Anna-Christina Petermann

Schulseelsorge – ein junges kirchliches Handlungsfeld im Schulalltag und in Krisenzeiten

Forum
Theologie und Pädagogik

Beihefte

herausgegeben von

Prof. Dr. Robert Schelander
(Wien)
Prof. Dr. Martin Schreiner
(Hildesheim)
und
Prof. Dr. Werner Simon
(Mainz)

Band 4

LIT

Anna-Christina Petermann

Schulseelsorge – ein junges kirchliches Handlungsfeld im Schulalltag und in Krisenzeiten

Der Trauer-Koffer –
in der Trauer füreinander da sein

Neue Wege
der evangelischen Schulseelsorge
nach dem Tod eines Schülers

LIT

Bibliografische Information der Deutschen Nationalbibliothek
Die Deutsche Nationalbibliothek verzeichnet diese Publikation in der
Deutschen Nationalbibliografie; detaillierte bibliografische Daten sind
im Internet über http://dnb.d-nb.de abrufbar.

ISBN 978-3-643-11250-7

© LIT VERLAG Dr. W. Hopf Berlin 2011
Verlagskontakt:
Fresnostr. 2   D-48159 Münster
Tel. +49 (0) 2 51-620 320   Fax +49 (0) 2 51-922 60 99
e-Mail: lit@lit-verlag.de   http://www.lit-verlag.de

Auslieferung:
Deutschland: LIT Verlag Fresnostr. 2, D-48159 Münster
Tel. +49 (0) 2 51-620 32 22, Fax +49 (0) 2 51-922 60 99, e-Mail: vertrieb@lit-verlag.de
Österreich: Medienlogistik Pichler-ÖBZ, e-Mail: mlo@medien-logistik.at

Inhalt

VIII

X

Abbildungsverzeichnis

1 Evangelische Schulseelsorge – ein eigenständiges Aufgabenfeld im staatlichen System Schule

Der Tod eines Mitglieds einer Schulgemeinschaft, Amokläufe in Schulen mit Toten, verunglückte Schulbusse mit Schwerverletzten, Ausgrenzung und Erpressung unter Schülern aller Gesellschaftsschichten mit und ohne Migrationshintergrund: Dies sind tiefgreifende Erlebnisse, die Menschen im sozialen System Schule seelisch belasten und möglichst zeitnah aufgearbeitet werden sollten.

Überfüllte Klassen mit Schülern unterschiedlicher Sprachkreise und Religionszugehörigkeiten, Lehrer an der Grenze verkraftbarer Belastungen: Der Lern- und Lebensraum Schule hat empfindliche Risse bekommen – vor allem im Lebensraum.

Auch das Elternhaus, eigentlicher Grundstock der Erziehung, hat sich zum Teil beträchtlich verändert. Beruflich angespannte Eltern mit nur wenig Zeit und Spielraum für individuelle Zuwendungen, geschiedene Eltern, die sich um Besuchsrechte streiten, arbeitslose Eltern beziehungsweise Alleinerziehende, die am Existenzminimum leben und kaum Geld für kindliche Wünsche beziehungsweise Freizeitangebote übrig haben: Die Schule muss zunehmend auch familiäre Defizite auffangen, einen Lern- und zugleich auch einen adäquaten Lebensraum darstellen.

Zudem werden Kinder und Jugendliche bereits im Grundschulalter auf solche, sie möglicherweise direkt betreffenden Lebensprobleme nahezu laufend hingewiesen. Manche Medienformate greifen Amokläufe, Schulbusunfälle, Drogengeschäfte und körperliche Gewalt an Schulen in undifferenzierter Form auf und zeigen obendrein in unreflektierten Spielfilmen immer wieder Gewalt an Kindern in Familien. Auch in zahlreichen Computerspielen nimmt Gewalt eine zentrale Rolle ein.

Schüler sind heute nahezu permanent beträchtlichen seelischen Belastungen ausgesetzt. Die Schule steht – vor dem Hintergrund veränderter gesellschaftlicher, familiärer und schulpolitischer Rahmenbedingungen – mithin vor der verantwortungsvollen Aufgabe, den einzelnen Schüler in seinem Alltag, insbesondere aber in kritischen Lebenssituationen, auch seelsorglich möglichst individuell zu begleiten. Schon aus Gründen des kompakten Stundenplans und der viel zu hohen Schülerzahlen pro Klasse sind Lehrer allein in der Regel nicht in der Lage, derartige Problemstellungen zu bewältigen. In den Universitäten wurden sie, bisher zumindest, darauf nicht ausreichend vorbereitet.

Genau hier setzt die Schulseelsorge aus evangelischer Perspektive an. Sie ist ein junges kirchliches Handlungsfeld im staatlichen Lern- und Lebensort Schule, vor allem eine Glaubens- und Lebenshilfe im schulischen Lebensraum. Sie richtet ihre Angebote an einzelne Schüler und an die Schulgemeinschaft insgesamt, leistet durch ihre religiös-ethischen Angebote einen wesentlichen Beitrag zur Konstruktion einer sensiblen und krisenfähigen Schulkultur.

Die vorliegende Arbeit befasst sich mit grundsätzlichen Fragen und Kernthemen der evangelischen Schulseelsorge und zeigt sowohl die Notwendigkeit als auch die Chancen dieses christlichen Aufgabenfelds auf. Sie ist in drei Hauptteile gegliedert:

1. Evangelische Schulseelsorge – ein zeitgemäßes Angebot für das Zusammenleben innerhalb einer Schulgemeinschaft
2. Trauerbegleitung – eine besondere Arbeitsform evangelischer Schulseelsorge in Krisenzeiten
3. Der Trauer-Koffer als Wegbegleiter im Trauerprozess – griffbereite unterrichtliche Angebote für die aktive Gestaltung des schulischen Trauerprozesses nach dem plötzlichen Tod eines Schülers

Im ersten Hauptteil der Arbeit werden durch die begriffliche Klärung des Kompositums „Schulseelsorge" die der Arbeit zugrunde liegenden Verständnisse der Begriffe „Seele" (2.1.1), „Seelsorge" (2.1.2) und „Schulseelsorge" (2.1.3) erarbeitet. Weil Schulseelsorge ein kirchliches Arbeitsfeld innerhalb der staatlichen Institution Schule ist, werden in einem zweiten Schritt die Rahmenbedingungen evangelischer Schulseelsorge näher betrachtet (2.2).

Da Schulseelsorge nicht nur Notfallseelsorge ist, sondern in ihren religiös-ethischen Angeboten weit darüber hinausgeht, wird Lebens- und Glaubenshilfe für die Mitglieder einer Schulgemeinschaft real spürbar. Aus diesem Grund werden in dieser Arbeit die Wirkungskreise und vier Arbeitsformen der evangelischen Schulseelsorge in einem Schaubild grafisch dargestellt (2.3). So können sie einprägsam betrachtet und visuell nachvollzogen werden, um dann auf jede einzelne Arbeitsform detailliert eingehen zu können (2.3.2). Weil für die Realisierung dieser vier Arbeitsformen personelle Kompetenzen erforderlich sind, wird anknüpfend an die Arbeitsformen und auf der Grundlage der Fachliteratur das spezielle Lehrerprofil eines Schulseelsorgers entwickelt (2.4).

Besonders in Krisensituationen, beispielsweise beim plötzlichen Tod eines Schülers, unterstützt die Schulseelsorge eine Schulgemeinschaft bei der Auseinandersetzung mit solch einem prägnanten Ereignis. Aus diesem Grund wird – aufbauend auf den ersten Teil – im zweiten Hauptteil der Arbeit anhand eines Fallbeispiels die zentrale Bedeutung von Schulseelsorge für die gesamte schulische Trauerbe- und Trauerverarbeitung nach dem plötzlichen Tod eines Schülers aufgezeigt (3.1) und ergänzend dazu ein Konzept zur schulischen Notfallseelsorge vorgestellt (3.2).

Im Mittelpunkt der Arbeit stehen die Fragen, wie eine Schulgemeinschaft beim plötzlichen Tod eines Schülers unterstützt und wie schulische Trauerarbeit didaktisch-methodisch aufgebaut beziehungsweise gestaltet werden können, damit sich alle Beteiligten der Schulgemeinschaft mit ihrer Trauer und ihren Ängsten nicht allein gelassen fühlen. Eine Antwort darauf gibt im dritten Hauptteil der Arbeit der Trauer-Koffer, der – parallel zu einem speziell ausgebildeten Schulseelsorger – in jeder Schule präsent sein sollte. Nach der allgemeinen Konzeptidee (4) werden die einzelnen unterrichtlichen Angebote aus didaktisch-methodischer Perspektive vorgestellt (4.2).

Die Arbeit soll verdeutlichen, wie wichtig es ist, parallel zum traditionellen Schulbetrieb insbesondere den Lebensraum Schule sowohl im Alltag als auch bei Krisensituationen funktionsfähig zu erhalten und damit seelisch belasteten Schülern eine zeitnahe, alters- und situationsangemessene schulseelsorgliche Angebotspalette zur Verfügung stellen zu können – um somit dem System Schule und den Individuen in der Schule auf der Basis gegenseitigen Vertrauens und christlicher Nächstenliebe praxisbezogene Hilfestellungen anzubieten.

2 Evangelische Schulseelsorge – ein zeitgemäßes Angebot für das Zusammenleben innerhalb einer Schulgemeinschaft

Als mehrschichtiges Kompositum erfordert „Schulseelsorge" zunächst eine begriffliche Klärung. Daher werden in einem ersten Schritt die Komponenten terminologisch untersucht, um dann ein Verständnis evangelischer Schulseelsorge herauszuarbeiten.

2.1 Begriffliche Klärung: Schulseelsorge

2.1.1 Seele – ein zentraler, theologischer Begriff

Das Wort Seele ist fester Bestandteil der deutschen Sprache."[1]

„Seele" ist ein Begriff mit einigen Unwägbarkeiten. Auf der einen Seite ist „Seele" ein populärer, in alltagssprachlichen Redewendungen präsenter, sogar vielfach verwendeter Begriff, beispielsweise in der Frage „Was brennt dir auf der Seele?" oder in der Aussage „Die beiden sind ein Herz und eine Seele." Auf der anderen Seite handelt es sich um einen vieldeutigen und damit sehr schwierigen Begriff, der sich nicht eindeutig klären lässt und seit dem 19. Jahrhundert in einigen Wissenschaftszweigen, wie zum Beispiel der Psychologie, kaum noch verwendet wird, sogar als altmodisch und verpönt gilt.[2] Dies zeigt sich unter anderem auch darin, dass der Begriff „Seele" immer häufiger mit Psyche, Bewusstsein oder Persönlichkeit umschrieben wird.[3] Weil die „Seele" weder sichtbar noch fassbar ist und ihr „Platz" im Körper nicht lokalisiert werden kann, ist der Begriff „Seele" in der modernen Hirnforschung Teil eines komplexen Diskurses geworden. Ob das, was gemeinhin

---

[1] Di Franco, Manuela: Die Seele. Begriffe, Bilder und Mythen, Stuttgart, 2009, 7.
[2] Vgl. ebd., 7.
[3] Vgl. Krasberg, Ulrike: Einleitung: Über Körper, Leib und Seele. Die Seele und das naturwissenschaftliche Weltbild. In: Krasberg, Ulrike, Godula Kosack (Hrsg.): „... und was ist mit der Seele?" Seelenvorstellungen im Kulturvergleich, Frankfurt am Main, 2009, 7.

6

unter „Seele" verstanden wird, auch tatsächlich existiert, kann wissenschaftlich weder belegt noch widerlegt werden. Dieses Problem ist vermutlich auch ein Grund dafür, weshalb es in nahezu allen Kulturen so vielfältige Vorstellungen von der „Seele" und unterschiedliche Mythen um die „Seele" gibt[4] – und nicht einmal innerhalb eines Kulturkreises eine einheitliche Seelenvorstellung vorhanden ist.[5]

Alltagssprachlich bezeichnet der Begriff „Seele" kein Organ, sondern etwas Unfassbares, das jeder lebendige Mensch in sich habe und das untrennbar zu ihm gehöre.[6] Was sich real hinter dem Begriff „Seele" verbirgt, lässt sich nicht eindeutig bestimmen,[7] umfasst jedoch wichtige anthropologische Dimensionen. Hinter den Vorstellungen von „Seele" steht die Ansicht, dass sich das menschliche Leben nicht allein auf physische Dimensionen reduzieren lässt, sondern dass psychische Empfindungen auch einen erheblichen Teil des menschlichen Daseins auszeichnen.

Bereits in der griechischen Anthropologie werden unterschiedliche Leib-Seele-Vorstellungen vertreten. Plato (427 bis 347 v. Chr.) fügte unterschiedliche Vorstellungen unter anderem aus der iranischen und ugrischen Kultur sowie aus der Anthropologie Homers zu einem schlüssigen Seelenbegriff zusammen und entwarf so das platonische Bild der Seele. Er war der Ansicht, dass Leib und Seele zwei strikt zu unterscheidende Wesenseinheiten seien, die in einer hierarchisch-dualistischen Beziehung zueinander stehen: Der Leib

---

[4] Ulrike Krasberg und Godula Kosack stellen in ihrem Buch „... und was ist mit der Seele?" Seelenvorstellungen im Kulturvergleich" deutlich heraus, dass in jeder Kultur, in der Ethnologen nach der Seele gefragt haben, spezifische Seelenvorstellungen existieren. Die Seelenvorstellungen sind zentrale Unterscheidungsmerkmale zwischen Religionen und entwickeln sich im Zusammenhang mit Todes- und Jenseitsvorstellungen.

[5] Vgl. Kosack, Godula: Seelenkonzepte in anderen Kulturen. In: Krasberg, Ulrike, Godula Kosack (Hrsg.): „... und was ist mit der Seele?", Frankfurt am Main, 2009, 17.

[6] Vgl. Di Franco, Manuela: Die Seele, Stuttgart, 2009. 12f.

[7] Vgl. ebd., 89.

muss in der Seele sein, die Seele jedoch nicht im Leib.[8] Die Seele
sei das Lebensprinzip des Menschen, das sich in drei Seelenvermö-
gen zeige: in der Begierde, im Affekt und in der Vernunft.[9] Die
Seele, so Plato, bewege sich selbst und sei der immaterielle Ursprung aller Güter und allen Übels, der Tugenden und der Laster.[10]
Weil sie Leben sei, stehe sie im Kontrast zum Tod und müsse somit
unsterblich sein.

Die frühen christlichen Apologeten des zweiten Jahrhunderts
haben die antike griechische Vorstellung von der Unsterblichkeit
der Seele übernommen und ein Zweiphasenmodell entwickelt, das
die späteren christlichen Vorstellungen nachhaltig prägte:[11] Weil
die Seele unsterblich ist, trennt sie sich im Tod vom Leib und lebt
als leibfreie Seele bis zur Auferweckung am Jüngsten Tag, um sich
dann mit dem auferweckten Leib wieder zu vereinen.

Aus der theologischen Anthropologie und der Eschatologie ist
der Begriff „Seele" mittlerweile jedoch nahezu verschwunden;[12] er
hat seinen spezifischen Sinn verloren.[13] Das Verständnis von der
Seele beschäftigt sich mit Bestimmung und Beschaffenheit des
Menschen und versucht damit eine Antwort auf die Frage zu finden, wie der Mensch geschaffen sein muss, um in ein Beziehungs-
geschehen mit Gott zu treten – und wie sich Gott seinerseits auf die
Menschen zubewegt und sich ihnen zuwendet.[14] Die dualistische
Spaltung eines Menschen in Leib und Seele und das damit verbun-
dene Seelenverständnis stellt ein Grundproblem christlicher

---

[8] Vgl. Wuckelt, Agnes: Mit Leib und Seele. Philosophisch-theologische Aspekte. In:
Beuers, Christoph, Agnes Wuckelt u.a. (Hrsg.): Leibhaftig leben. Forum für Heil- und
Religionspädagogen, Münster, 2007, 10.

[9] Vgl. Hoff, Gregor Maria: Seele/Selbstwerdung, München, 2005, 132.

[10] Vgl. Huxel, Kirsten: Seele. II. Philosophisch und religionsphilosophisch. In: Betz, Hans
Dieter, Don S. Browning u.a. (Hrsg.): RGG, Tübingen, 2004, 1098.

[11] Vgl. Wuckelt, Agnes: Mit Leib und Seele, Münster, 2007, 12.

[12] Vgl. Gestrich, Christof: Unsterblichkeit der Seele? Aspekte zur Erneuerung
evangelischer Eschatologie. In: Deutsches Pfarrer Blatt, 11/2010, 582.

[13] Vgl. Hoff, Gregor Maria: Seele/Selbstwerdung, München, 130.

[14] Vgl. Link, Christian: Seele. III. Christentum. 3. Systematisch-theologisch. In: Betz,
Hans Dieter, Don S. Browning u.a (Hrsg.): RGG, Tübingen, 2004, 1103.

8

Anthropologie dar.[15] Der Leib-Seele-Dualismus wirkt bis in die Neuzeit hinein; meines Erachtens widerspricht diese Spaltung eines Menschen in Leib und Seele jedoch dem christlich-biblischen Menschenbild.

„Die Seele ist kein „Teil" des Menschen, sondern, nefesch' ist der (ganze) Mensch, sofern er lebendig ist. "[16]

Im biblischen Kontext des Alten Testaments ist für die Seele der hebräische Begriff „nefesch" vorgesehen; er kommt 754 Mal vor[17] und steht für „hauchen" beziehungsweise „atmen". Da alles, was atmet, auch lebt, steht dieser Begriff für die individuelle leibhaftige Lebendigkeit des Menschen durch Gott und umschreibt all das, was einen lebendigen Menschen in der Beziehung zu sich selbst, zu seinen Mitmenschen und zu Gott auszeichnet. Bereits ganz am Anfang der Bibel, in der biblischen Schöpfungserzählung in Gen 2, wird die Frage nach dem Leib und der Seele thematisiert: Gott haucht dem Menschen seinen Atem ein und erfüllt ihn dadurch mit Leben – der Mensch wird zum „Lebe-Wesen". Die Erzählung beschreibt, dass der Mensch als ein ganzheitlich von Gott beseeltes Lebewesen geschaffen und angenommen wird.[18] Der Mensch ist als leib-seelische Einheit von Gott und auf Gott hin geschaffen.[19] Der Mensch, so heißt es, sei „ganz und gar, als Leib und Seele nefesch"[20]. Somit ist auch die Seele gottgeschaffen.[21]

Im Alten Testament wird somit klar die Auffassung vertreten, dass die Seele, der Leib und der Geist eine Einheit darstellen. Die Seele ist demnach der Mensch in seiner individuellen, leibhaftigen

---

[15] Vgl. Wuckelt, Agnes: Mit Leib und Seele, Münster, 2007, 9.

[16] Schmitz, Stefan: Religion vermitteln. Theologische Orientierungen zur Qualitätssicherung des Religionsunterrichts, Münster, 2004, 79.

[17] Vgl. Seebass, Horst: Seele. I. Religionswissenschaftlich, religionsgeschichtlich. 2. Alter Orient und Altes Testament. In: Betz, Hans Dieter, Don S. Browning u.a (Hrsg.): RGG, Tübingen, 2004, 1092.

[18] Vgl. ebd., 16.

[19] Vgl. Hoff, Gregor Maria: Seele/Selbstwerdung, München, 2005, 136.

[20] Vgl. ebd., 31.

[21] Vgl. Wuckelt, Agnes: Mit Leib und Seele, Münster, 2007, 12.

Lebendigkeit. Im Neuen Testament steht der Begriff „psyche".[22] Die synoptischen Evangelien halten an der alt-jüdischen Prägung der Seele fest und verstehen sie somit als leibhaftiges Leben des ganzen Menschen.[23]

Somit wird weder im Alten noch im Neuen Testament der Körper/Leib des Menschen von seinem Inneren/Seele unterschieden; es wird in beiden Schriften eine ganzheitliche Sicht des Menschen vertreten, die abhängig vom Gottesbild ist und somit die Einheit von Seele und Leib betont. Die Abhängigkeit und Gottebenbildlichkeit des Menschen widerspricht dem Gedanken der dualistischen Spaltung von Leib und Seele. Die Seele bildet eine untrennbare Einheit mit dem Leib eines Menschen. Sie ist diejenige Kraft, die einen Menschen nach personaler Identität streben lässt.[24] Diese Kraft bewirkt, dass der Mensch seine personale Individualität sucht[25] und somit eine Übereinstimmung mit sich selbst anstrebt.[26] Sie versetzt ihn dadurch in innere Spannungen. Die Seele kann somit als „Selbst" eines Menschen verstanden werden – als sein individueller innerer Kern und als Ort seiner spezifischen Gefühle, Emotionen und Beziehungen zu Gott.[27] Dieses Seelenverständnis deutet an, dass die psychischen Merkmale des Menschen ein wesentliches Kennzeichen des Menschseins darstellen, dass alle physischen und psychischen Merkmale aufeinander verweisen und aufeinander bezogen sind.[28]

Jürgen Ziemer[29] unterscheidet zwei Bedeutungskomponenten des Seele-Begriffs: Er versteht die Seele einerseits als eine Art

---

[22] Vgl. Hoff, Gregor Maria: Seele/Selbstwerdung, München, 136.

[23] Vgl. Zumstein, Jean: Seele. III. Christentum. 1. Neues Testament. In: Betz, Hans Dieter, Don S. Browning u.a. (Hrsg.): RGG, Tübingen, 2004, 1100.

[24] Vgl. Gestrich, Christof: Unsterblichkeit der Seele? 11/2010, 584.

[25] Vgl. Krasberg, Ulrike: Einleitung: Über Körper, Leib und Seele, Frankfurt am Main, 2009, 12.

[26] Vgl. Gestrich, Christof : Unsterblichkeit der Seele? 11/2010, 584f.

[27] Vgl. Gestrich, Christof : Unsterblichkeit der Seele? 11/2010, 583.

[28] Vgl. Gasser, Georg: Einleitung: Die Aktualität des Seelenbegriffs. In: Gasser, Georg, Josef Quitterer (Hrsg.): Die Aktualität des Seelenbegriffs. Interdisziplinäre Zugänge, Paderborn, 2010, 18.

[29] Vgl. Ziemer, Jürgen: Seelsorge, Göttingen, 2004, 42f.

anthropologische Konstante, die untrennbar zum menschlichen Sein gehört. Die Seele kann laut Ziemer zugeschüttet werden, jedoch nicht verloren gehen – und hat nach seiner Auffassung mit Offenheit, Empfänglichkeit sowie mit Demut und Sensibilität zu tun. Anderseits ist die Seele seiner Meinung nach geschichtlichen Einflüssen ausgesetzt, kann also von außen beeinflussbar und lenkbar sein. Mit seinem Bestimmungsversuch des Seele-Begriffs macht Jürgen Ziemer darauf aufmerksam, dass dem Begriff der Seelsorge als „Arbeit an der Seele" sowohl eine praktisch-theologische als auch eine pädagogische Bedeutung zukommt.[30]

Die psychischen Konflikte eines Menschen können psychotherapeutisch mit Vernunftlösungen behandelt werden.[31] Im seelsorglichen Handeln jedoch muss man sich der Seele eines Menschen und somit dem ganzen Menschen zuwenden.

2.1.2 Seelsorge – ein wesentlicher Bestandteil christlicher Gemeinschaft

„Seelsorge ist eine wesentliche Dimension christlichen Lebens und christlicher Gemeinschaft."[32]

Seelsorge ist ein zentraler Bestandteil christlichen Lebens und gehört seit den Anfängen des Christentums zu den anerkannten Formen der Kommunikation innerhalb des Evangeliums.[33] Das Fundament der Seelsorge ist ein religiös motivierter, kirchlicher Auftrag.[34] Seelsorge bezeichnet ein Handeln inner- und außerhalb

---

[30] Vgl. Wermke, Michael: Schulseelsorge – eine praktisch-theologische und religionspädagogische Grundlegung, Göttingen, 2008, 19.

[31] Vgl. Gestrich, Christof: Unsterblichkeit der Seele? 2010, 585.

[32] Dam, Harmjan, Matthias Spenn: Schulseelsorge in Deutschland – eine Situationsbeschreibung. In: Dam, Harmjan, Matthias Spenn (Hrsg.): Evangelische Schulseelsorge. Hintergründe, Erfahrungen, Konzeptionen, Münster, 2007, 11.

[33] Vgl. Klessmann, Michael: Seelsorge. Begleitung, Begegnung, Lebensdeutung im Horizont des christlichen Glaubens, Neukirchen-Vluyn, 2008, 4.

[34] In der Kirchenordnung der Evangelischen Kirche im Rheinland aus dem Jahr 2004 wird die Seelsorge explizit als einer ihrer Aufträge benannt: „Die Evangelische Kirche im Rheinland hat den Auftrag zur Seelsorge, zur Diakonie, zum missionarischen Dienst, zur Förderung der Kirchenmusik und zur christlichen Erziehung und Bildung."

der Kirche; sie ist Begegnung, Interaktion und gestaltete Zeit.[35] Jürgen Ziemer definiert Seelsorge als eine unverzichtbare Lebensäußerung der christlichen Kirche. Michael Meyer-Blanck[36] beschreibt sie als einen christlich motivierten, kommunikativen Vorgang, durch den sich der Mensch in die Nähe Gottes (wieder) aufgenommen weiß.

Neben Gottesdienst und Unterricht ist Seelsorge mithin eine außerhalb der kirchlichen Institutionen stattfindende, gesellschaftliche Aufgabe der Kirche und zählt zu ihren klassischen Handlungsfeldern. Generelles Ziel der Seelsorge ist die Stärkung des Menschen für sein Leben und zugleich eine Hilfeleistung in seinem Glauben. Seelsorge versteht sich somit als Unterstützung und Begleitung des Individuums in Fragen des Glaubens und der Lebensführung. Sie ist einerseits spontane Glaubens- und Lebenshilfe in wechselseitiger Begleitung und Unterstützung bei Alltagssituationen, anderseits ist Seelsorge eine Kernaufgabe pastoraler, religions- und gemeindepädagogischer Arbeit und wird durch ausgebildete kirchliche Mitarbeiter umgesetzt.[37] Seelsorge kann somit als geplantes Gespräch im Amtszimmer eines Pastors, am Rande eines Hausbesuches des Pastors oder als zufälliges Gespräch an öffentlichem Ort praktiziert werden.

Die Anwendungskontexte, innerhalb derer seelsorgliche Tätigkeiten stattfinden, werden immer zahlreicher und vielfältiger. So haben sich neben den etablierten institutionellen Handlungsfeldern der Seelsorge – in der Gemeinde, im Krankenhaus, im Gefängnis oder in Altenheimen – zahlreiche neue seelsorgliche Formen entwickelt: beispielsweise auf Flughäfen, bei der Aids-, Internet-,

---

[35] Vgl. Morgenthaler, Christoph: Seelsorge, Gütersloh, 2009, 15.

[36] Vgl. Meyer-Blanck, Michael: Theologische Implikationen der Seelsorge. In: Engemann, Wilfried (Hrsg.): Handbuch der Seelsorge. Grundlagen und Profile, Leipzig, 2007, 19-33.

[37] Vgl. Dam, Harmjan, Matthias Spenn: Schulseelsorge in Deutschland – eine Situationsbeschreibung, Münster, 2007, 11.

Telefon-, SMS- und Notfallseelsorge.[38] In diesem Zusammenhang steht die Kirche auch vor der Herausforderung, eine umfassende Seelsorge für Kinder und Jugendliche am Lern- und Lebensort Schule anzubieten und somit auch im Alltag von jungen Menschen präsent zu sein.

Wer seelsorgliche Unterstützung und Beratung in Anspruch nimmt, ist sich bewusst, dass er ein spezifisches Angebot religiöser Kommunikation und nicht etwa ein psychologisches Angebot wählt.[39] Dies sollte auch bei Angeboten im Rahmen der Schulseelsorge der Fall sein.

2.1.3   Schulseelsorge – religiös-ethische Lebensbegleitung am Lern- und Lebensort Schule

Evangelische Schulseelsorge ist ein kirchlich verantwortetes Angebot auf der Grundlage des Evangeliums,[40] das im Kontext von Schule, Gemeinde, kirchlicher Jugendarbeit und Diakonie stattfindet.[41]

Evangelische Schulseelsorge ist an mehreren Orten und aus verschiedenen Wurzeln heraus gewachsen.[42] Der Begriff Schulseelsorge hat seinen Ursprung im Bereich der konfessionellen, vor allem der katholischen Bekenntnisschule.[43] Die Ursprünge der

---

[38] Vgl. Dam, Harmjan: Schulseelsorge, ein Handlungsfeld aus drei Quellen: Religionsunterricht, Jugendarbeit und Seelsorge. In: Fachbereich Kinder- und Jugendarbeit im Zentrum Bildung der EKHN (Hrsg.): Grenzgang zwischen Jugendarbeit, Schule und Seelsorge, Darmstadt, 2003, 29.

[39] Vgl. Klessmann, Michael: Seelsorge, Neukirchen-Vluyn, 2008, 6.

[40] Vgl. Schneider- Harpprecht, Christoph: Gleitwort. In: Dam, Harmjan, Matthias Spenn (Hrsg.): Qualifizierung Schulseelsorge. Schnittstelle Schule. Impulse evangelischer Bildungspraxis, Münster, 2009, 6.

[41] Vgl. Dam, Harmjan, Matthias Spenn: Einleitung. In: Dam, Harmjan, Matthias Spenn (Hrsg.): Evangelische Schulseelsorge. Hintergründe, Erfahrungen, Konzeptionen, Münster, 2007, 7.

[42] Vgl. Drescher, Gerborg: Acht Perspektiven zur Weiterbildung der evangelischen Schulseelsorge: In: Dam, Harmjan, Matthias Spenn (Hrsg.): Evangelische Schulseelsorge. Hintergründe, Erfahrungen, Konzeptionen, Münster, 2007, 75.

[43] Vgl. Schneider, Jan H.: Schulseelsorge. In: Norbert, Mette, Folkert Rickers (Hrsg.): Lexikon der Religionspädagogik, Neukirchen-Vluyn, 2001, 1959ff..

evangelischen Schulseelsorge sind – seit dem Ende der 50er Jahre des vergangenen Jahrhunderts – auf private Initiativen einzelner Schulpfarrer und Religionslehrer zurückzuführen, die an berufsbildenden Schulen die Schüler durch Gesprächsangebote außerhalb der regulären Schulzeit bei der Suche nach Orientierung unterstützen wollten.[44]

Dank der gemeinsamen Synode aller Bistümer der Bundesrepublik Deutschland in den Jahren 1971-1975, die außerschulische Angebote des Religionslehrers mit interessierten Schülern sowie die Einsetzung eines Verantwortlichen für Schulseelsorge forderte, war es die katholische Kirche, die bereits in den 70er Jahren zentrale Impulse für die Profilbildung von Schulseelsorge lieferte.[45] Seit den 80er Jahren hat sich das junge kirchliche Handlungsfeld der Schulseelsorge dann auch in den verschiedenen evangelischen Landeskirchen zwar langsam, aber stetig aus den Bereichen des evangelischen Religionsunterrichts, der evangelischen Jugendarbeit sowie der Seelsorge entwickelt und damit ein erkennbares Profil erhalten. Als erste Landeskirche beschäftigte sich 1988 die Evangelische Kirche in Hessen und Nassau auf synodaler Ebene mit dem Handlungsfeld der Schulseelsorge. Von dieser Synode wurde an die Kirchenleitung, an Gemeinden, Pastoren und Lehrer die Bitte herangetragen, Schüler seelsorglich zu begleiten sowie bereits vorhandene schulische Bildungs- und Freizeitangebote zu fördern oder zu ergänzen.

Besonders in den vergangenen Jahren ist das Interesse an Schulseelsorge in vielen Landeskirchen der EKD, innerhalb der

---

[44] Vgl. Kramer, Anja: Evangelische Schulseelsorge – Herausforderungen und Perspektiven einer seelsorglichen Kirche. In: Kramer, Anja, Freimut Schirrmacher (Hrsg.): Modelle – Konzepte – Perspektiven, Neukirchen-Vluyn, 2005, 188 sowie Dam, Harmjan: Evangelische Schulseelsorge – für gelingendes Leben und Humanität in der Schule. In: Lebendige Seelsorge, 2/2003, 125.

[45] Vgl. Kramer, Anja: Evangelische Schulseelsorge – Herausforderungen und Perspektiven einer seelsorglichen Kirche. In: Kramer, Anja, Freimut Schirrmacher (Hrsg.): Modelle – Konzepte – Perspektiven, Neukirchen-Vluyn, 2005, 189.

14

Religionspädagogik und seitens der Schulen deutlich gestiegen.[46]
Im Rahmen der EKD jedoch werden unterschiedliche Begrifflichkeiten für das kirchliche Engagement in und an der Schule verwendet: Schulseelsorge, Schülerseelsorge, Schulpastoral oder evangelische schulbezogene Jugendarbeit.

Diese verschiedenen Begrifflichkeiten für das kirchliche Engagement am Lern- und Lebensort Schule, die unterschiedlichen
Schulformen einschließlich ihrer spezifischen schulischen Situationen sowie die Heterogenität innerhalb einer Schulgemeinschaft
deuten darauf hin, dass es keinen einheitlichen Ansatz für Schulseelsorge generell geben kann – sondern dass es darauf ankommt,
eine praktisch-theologische Orientierung zu formulieren.[47] Bis zum
heutigen Zeitpunkt gibt es keinen eigenständigen Ansatz für ein
einheitliches Verständnis der Schulseelsorge.[48] Jedoch hat sich in
der Literatur der vergangenen Jahre ein Grundverständnis für kirchliches Engagement in der Schule herausgebildet. Im Sinne dieses
Grundverständnisses ist Schulseelsorge ein vom christlichen Glauben getragener kirchlicher Dienst an und mit den Menschen im
Handlungsfeld Schule, dessen Angebote sich im Alltagsleben und
in Krisenzeiten an alle Menschen richten, die mittelbar, aber auch
unmittelbar in diesem Handlungsfeld tätig sind und sich in ihrer
jeweiligen Lebenssituation über den Religionsunterricht hinaus religiös-ethisch begleiten lassen möchten.

Im schulseelsorglichen Handeln spiegelt sich ein Menschenbild
wider, das Jesus Christus den Menschen mit seinen Worten und
durch seine Taten vermittelt hat: Sorge für die eigene Seele tragen,
Gutes für die Seele seines Nächsten tun und um Unterstützung

---

[46] Vgl. Vierling-Ihrig, Heike: Was hat die Kirche von der Schulseelsorge? In: Dam,
Harmjan, Matthias Spenn (Hrsg.): Evangelische Schulseelsorge. Hintergründe,
Erfahrungen, Konzeptionen, Münster, 2007, 35.
[47] Vgl. Wermke, Michael: Schulseelsorge – eine praktisch-theologische und
religionspädagogische Grundlegung, Göttingen, 2008, 18.
[48] Vgl. Demmelhuber, Helmut: Schulseelsorge und Sozialarbeit. In: Koerrenz, Ralf,
Michael Wermke (Hrsg.): Schulseelsorge, Göttingen, 2008, 55.

bitten können.[49] Somit ist Schulseelsorge weitaus mehr als nur die Beratung und Begleitung von Mitgliedern einer Schulgemeinschaft. Harmjan Dam zufolge umfasst evangelische Schulseelsorge drei Felder der praktischen Theologie: Seelsorge, schulische Religionspädagogik und Jugendarbeit. Schulseelsorge steht somit zwar in Beziehung zum Religionsunterricht, geht über den unterrichtlichen Rahmen aber hinaus,[50] nimmt wesentliche Kernthemen der evangelischen Kirche auf[51] und besitzt gemeindepädagogische Bedeutung. Sie leistet dort kirchliche Jugendarbeit, wo Kinder und Jugendliche einen Großteil ihres Alltags verbringen.[52] Daher ist Schulseelsorge ein neues, auf einen bestimmten Ort bezogenes seelsorgliches Arbeitsfeld.[53]

Die Grenzen zwischen Alltags-, Beratungs- und Seelsorgegesprächen sind in der Schulseelsorge häufig fließend. Auf der einen Seite ist Schulseelsorge eine Form der Alltagsseelsorge, auf der anderen Seite kann sie Schüler, Lehrer, Eltern und andere Mitarbeiter der Schule in konkreten Notfallsituationen begleiten und an ihre religiösen Fragen anknüpfen.

Schulseelsorge eröffnet – je nach örtlichen Gegebenheiten und Möglichkeiten – religiös-spirituelle Erlebnis- und Erfahrungsräume, begleitet die Mitglieder einer Schulgemeinschaft im gewöhnlichen Schulalltag und bei den „Brüchen ihres Lebens".[54] Dadurch kann sie einen wesentlichen Beitrag zu einer sensiblen und

---

[49] Vgl. Nestor, Ingrid: Du meine Seele singe .... In: Pädagogisch-Theologisches Zentrum der Evangelischen Landeskirche in Württemberg (Hrsg.): Evangelische Schulseelsorge – Positionen und Perspektiven, Stuttgart, 2009, 4.

[50] Vgl. Dam, Harmjan: Schulseelsorge, ein Handlungsfeld aus drei Quellen, Darmstadt, 2003, 22.

[51] Vgl. Dam, Harmjan, Matthias Spenn: Schulseelsorge in Deutschland – eine Situationsbeschreibung, Münster, 2007, 11.

[52] Vgl. Dam, Harmjan: Schulseelsorge, ein Handlungsfeld aus drei Quellen, Darmstadt, 2003, 25.

[53] Vgl. Dinter, Astrid: Rechtliche und strukturelle Rahmenbedingungen. In: Koerrenz, Ralf, Michael Wermke (Hrsg.): Schulseelsorge, Göttingen, 2008, 71.

[54] Vgl. Zick-Kuchinke, Heike: Schulseelsorge als Grenzgang. In: Fachbereich Kinder- und Jugendarbeit im Zentrum Bildung der EKHN (Hrsg.): Grenzgang zwischen Jugendarbeit, Schule und Seelsorge, Darmstadt, 10.

zugleich belastbaren Schulkultur leisten. Dem weiteren Verlauf der Arbeit soll die Definition aus der Synode der Evangelischen Kirche im Rheinland aus dem Jahr 2000 zugrunde liegen. In ihr wird Schulseelsorge definiert als *„das vom christlichen Glauben getragene offene Angebot an alle in der Schule Tätigen, sie in ihren jeweiligen Lebenssituationen religiös-ethisch zu begleiten und ihnen Räume für spirituelle Erfahrungen zu eröffnen. Dies geschieht unter anderem durch persönliche Seelsorge, Begleitung und Beratung, schulnahe Jugendarbeit sowie religiöse Freizeiten (Tagungen), gottesdienstliche Angebote. "*

Schulseelsorge hat als seelsorgliches Praxisfeld eigene Rahmenbedingungen, Arbeitsformen und Wirkungskreise.[55] Zu den Rahmenbedingungen zählen die an der Schulseelsorge beteiligten Institutionen, also Schule und Kirche, die Mitglieder einer Schulgemeinschaft, das außerschulische Umfeld sowie das jeweilige Profil einer Schule. Schulseelsorge ist auf die schulische Gemeinde bezogen und schöpft daraus ihre Legitimation.[56] Sie ist als freier kirchlicher Dienst innerhalb der Schule jedoch rückgebunden und somit abhängig von der Institution Kirche.[57] Da sich die Diskussion über schulseelsorgliche Konzepte von ihren Rahmenbedingungen nicht lösen lässt, sollen diese Bedingungen nun näher betrachtet werden.

---

[55] Vgl. Kramer, Anja: Aktuelle Tendenzen in der Seelsorge und ihre Bedeutung für die Schulseelsorge. In: Dam, Harmjan, Matthias Spenn (Hrsg.): Evangelische Schulseelsorge. Hintergründe, Erfahrungen, Konzeptionen, Münster, 2007, 51.

[56] Vgl. Wermke, Michael: Schulseelsorge – eine praktisch-theologische und religionspädagogische Grundlegung, Göttingen, 2008, 32.

[57] Vgl. Koerrenz, Ralf, Michael Wermke: Vorwort. In: Koerrenz, Ralf, Michael Wermke (Hrsg.): Schulseelsorge, Göttingen, 2008, 9.

2.2 Evangelische Schulseelsorge – ein junges kirchliches Handlungsfeld an der Schnittstelle zwischen Schule, Kirche und Schulgemeinschaft

2.2.1 Die Institution Schule – ein staatlicher Ort für Bildung und Erziehung

„Aus der Perspektive des Auftrags der Kirche ist es wichtig, dort zu sein, wo Kinder und Jugendliche einen großen ... Teil ihrer Zeit und damit ihres Lebens verbringen. "[58]

Schulen sind komplexe kulturelle, langsam gewachsene soziale Systeme,[59] die als gesellschaftliche Institutionen einen bedeutenden Einfluss sowohl auf die persönliche als auch auf die berufliche Entwicklung junger Menschen ausüben. Aufgrund schulpolitischer Entscheidungen wird den Schulen in der Praxis heute immer mehr Autonomie und Eigenständigkeit abverlangt.

Nicht nur die Dauer der gesamten Ausbildungsphase eines jungen Menschen hat sich zeitlich ausgedehnt, auch die tägliche Anwesenheit in der Schule ist deutlich länger geworden.[60] Durch die zusätzlichen Nachmittagsangebote im Rahmen des Ganztagsschulbetriebs zum Beispiel verbringen Kinder und Jugendliche einen Großteil ihres Alltags in dieser Institution – Schule hat sich von einer „Lehranstalt" zu einem zentralen „Lern- und Lebensort" entwickelt, an dem auch vielfältige informelle Lernprozesse ablaufen.[61]

Die Frage, was eine zeitgemäße „gute" Schule auszeichnet, wird auf unterschiedlichen Ebenen aus unterschiedlichen Motivationen und mit verschiedenen Zielsetzungen diskutiert.

---

[58] Dam, Harmjan, Matthias Spenn: Einleitung, Münster, 2009, 7.
[59] Vgl. Koerrenz, Ralf: Schulseelsorge – eine pädagogische Grundlegung. In: Koerrenz, Ralf, Michael Wermke (Hrsg.): Schulseelsorge, Göttingen, 2008, 40.
[60] Vgl. Kramer, Anja: Evangelische Schulseelsorge – Herausforderungen und Perspektiven einer seelsorglichen Kirche, Neukirchen-Vluyn, 2005, 187.
[61] Vgl. Otte, Matthias: Gleitwort. In: Dam, Harmjan, Matthias Spenn (Hrsg.): Evangelische Schulseelsorge. Hintergründe, Erfahrungen, Konzeptionen, Münster, 2007, 5.

18

Die Kompetenzdebatte der letzten Jahre hat gezeigt, dass schulische Bildung nicht nur das Aneignen von Kenntnissen umfasst, sondern dass Schule als Lern- und Lebensort weitaus mehr ist als nur ein Ort der reinen Wissensvermittlung. Ein wirklicher Lebensraum ist Schule jedoch erst dann, wenn sie in der Lage ist, auf die persönlichen Lebensfragen ihrer Mitglieder möglichst individuell reagieren zu können.[62]

Schule ist ein Ort, an dem Personen aus verschiedenen Kulturen, sozialen Herkünften, Nationalitäten und Religionsgemeinschaften zusammen treffen. Aufgrund der großen ethischen, kulturellen und religiösen Heterogenität der Schüler sowie der zeitlichen Ausdehnung der Anwesenheit in der Schule können neuartige Konflikte auftreten.[63] Nicht nur die in der Schule selbst entstandenen zahlreichen Konflikte müssen bearbeitet werden, sondern auch diejenigen Probleme und kontroversen Lebensfragen, die von den Beteiligten zusätzlich in die Schule hineingetragen werden.[64]

Die Schule ist zudem ein Ort, an dem Schüler – vor dem Hintergrund ihrer außerschulischen Erlebnisse – ihre eigene Persönlichkeit und ihr Sozialverhalten ausbilden, an dem Beziehungen eingegangen und Freundschaften geschlossen werden: ein Ort also, an dem miteinander gearbeitet, gespielt und gefeiert wird. In dieser Schule finden Beziehungsarbeit, Identitätsbildung und Wertevermittlung statt.[65] Hier werden die Schüler, parallel zur Familie und dem Freundeskreis, sozialisiert: Sie erhalten Unterstützung bei der Entwicklung ihres Sozialverhaltens. Sie sammeln Erfahrungen mit gelungenen und misslungenen Beziehungen und müssen

---

[62] Vgl. Scheilke, Christoph: Schulseelsorge – ein Angebot für Schülerinnen und Schüler, für Schulen und ihre MitarbeiterInnen. In: Pädagogisch-Theologisches Zentrum der Evangelischen Landeskirche in Württemberg (Hrsg.): Evangelische Schulseelsorge – Positionen und Perspektiven, Stuttgart, 2009, 11.

[63] Vgl. Klessmann, Michael: Seelsorge, Neukirchen-Vluyn, 2008, 377.

[64] Vgl. Baumann, Ulrike: In der Schulseelsorge beziehungsfähig sein. In: Dam, Harmjan, Matthias Spenn (Hrsg.): Qualifizierung Schulseelsorge. Schnittstelle Schule. Impulse evangelischer Bildungspraxis, Münster, 2009, 65.

[65] Vgl. Wünscher, Ines: Praxismodelle im Grundschulbereich. In: Koerrenz, Ralf, Michael Wermke (Hrsg.): Schulseelsorge, Göttingen, 2008, 245.

gleichzeitig lernen, mit einem hohen Leistungsdruck und klaren Zeitvorgaben, mit gelösten und ungelösten Konflikten gleichermaßen umzugehen. Sie erleben, wie sie selbst oder einer ihrer Mitschüler aufgrund von Selektionsentscheidungen möglicherweise aus der Gemeinschaft ausgeschlossen werden. Das direkte Nebeneinander von Erfolg und Misserfolg, Glück und Pech, Enttäuschung und Anerkennung kann – kombiniert mit dem bereits früh spürbaren Leistungsdruck – zu Konkurrenzverhältnissen sowie Spannungen innerhalb der Schulgemeinschaft führen und so die Entwicklung des Selbstkonzepts negativ beeinflussen.

Unter diesen Umständen muss sich eine „gute" Schule den existenziellen Problemen ihrer Mitglieder stellen und darf sich nicht nur ausschließlich auf die reine Vermittlung von Wissen konzentrieren. Die Frage nach dem „seelischen Gleichgewicht" der Schüler findet dabei in aller Regel nur sehr wenig Aufmerksamkeit. Das aber ist für die wachsende soziale Kompetenz einer „Lebenswelt Schule" äußerst hinderlich. Nur wenn das seelische Gleichgewicht der Schüler im Wirkungskomplex Schule ausreichend Beachtung findet, können sich bei den Schülern soziale Gefühle – wie Vertrauen und Geborgenheit – entwickeln.[66]

2.2.2 Die Institution Kirche – kirchliches Interesse an Schulseelsorge in staatlichen Schulen

„Explizite Schulseelsorge macht mitten im öffentlichen Lebensraum Schule die evangelische Landeskirche als den Menschen zugewandte, engagierte „Kirche für andere" sichtbar."[67]

Im Niedersächsischen Schulgesetz steht unter §2 der Bildungsauftrag der Schule: „Die Schule soll im Anschluss an die vorschulische Erziehung die Persönlichkeit der Schülerinnen und Schüler auf der Grundlage des Christentums, des europäischen

---

[66] Vgl. Wünscher, Ines: Praxismodelle im Grundschulbereich, Göttingen, 2008, 245f.

[67] Sendler-Koschel, Birgit: Ein offenes Ohr für Schülerinnen und Schüler. In der Schulseelsorge Gottes Zuwendung erfahrbar machen. In: Pädagogisch-Theologisches Zentrum der Evangelischen Landeskirche in Württemberg (Hrsg.): Evangelische Schulseelsorge – Positionen und Perspektiven, Stuttgart, 2009, 6.

20

Humanismus und der Ideen der liberalen, demokratischen und sozialen Freiheitsbewegungen weiterentwickeln."[68] Weiter heißt es im Niedersächsischen Schulgesetz, dass Schüler dazu befähigt werden sollen, „nach ethischen Grundsätzen zu handeln sowie religiöse und kulturelle Werte zu erkennen und zu achten".[69]

Diesen Auftrag erfüllt die evangelische Schulseelsorge. Sie ist eine sozial-diakonisch erforderliche kirchliche Aufgabe im gesellschaftlich relevanten Handlungsfeld Schule und zählt somit zu den Aufträgen der Kirche.[70] Sie ist ein vom Geist des Evangeliums getragener Dienst der Kirche, mit dem sich die Kirche allen Schulmitgliedern, unabhängig von ihrer Konfession und Religionszugehörigkeit, ganzheitlich und lebenslagenbezogen zuwendet, Fragen nach dem Sinn des Lebens und nach dem christlichen Gott anstößt.[71]

Ein wichtiger Begründungsansatz für Seelsorge in der Schule ist das Motiv der „Kirche *für* die Welt".[72] In den schulseelsorglichen Angeboten wendet sich die Kirche den Lernenden, Lehrenden und allen anderen beteiligten Personen innerhalb der Schule zu. Sie ist für sie da – unabhängig von ihrer Herkunft oder Religion. In den einzelnen schulseelsorglichen Angeboten wird die Relevanz des christlichen Glaubens *für* den schulischen Alltag erfahrbar.[73] Ein zweites Motiv bildet dasjenige der „Kirche *in* der Welt".[74] Schulseelsorge bietet einen geschützten Rahmen, um dem eigenen

---

[68] Gewerkschaft Erziehung und Wissenschaft: Niedersächsisches Schulgesetz (NSchG), 2007, 5.

[69] Ebd., 5.

[70] Vgl. Ziegler, Gerd: Der LAK meldet sich zu Wort. In: Pädagogisch-Theologisches Zentrum der Evangelischen Landeskirche in Württemberg (Hrsg.): Evangelische Schulseelsorge – Positionen und Perspektiven, Stuttgart, 2009, 8.

[71] Vgl. Kerner, Cornelia: Schulseelsorge. Ein Dienst der Kirche an den Menschen im Lebensraum Schule. In: Pädagogisch-Theologisches Zentrum der Evangelischen Landeskirche in Württemberg (Hrsg.): Evangelische Schulseelsorge – Positionen und Perspektiven, Stuttgart, 2009, 27.

[72] Vgl. Koerrenz, Ralf, Michael Wermke: Vorwort, Göttingen, 2008, 10.

[73] Vgl. Drescher, Gerborg: Acht Perspektiven zur Weiterbildung der evangelischen Schulseelsorge, Münster, 2007, 75.

[74] Vgl. Koerrenz, Ralf, Michael Wermke: Vorwort, Göttingen, 2008, 10.

Glauben in der Institution Schule entsprechend Ausdruck verleihen zu können. Wie Seelsorge insgesamt ist auch Schulseelsorge im Handeln der Gesamtheit der christlichen Gemeinde begründet und benötigt daher gemeinschaftliche Erfahrungen des christlichen Glaubens *im* eigenen und schulischen Lebenskontext.[75]

Im Lebenskontext von Kindern und Jugendlichen spielt die Schule eine entscheidende Rolle.[76] Schulseelsorge schlägt eine Brücke zwischen den Institutionen Schule und Kirche[77] und ist für die Kirche somit eine Chance, im zentralen Lern- und Lebensraum Schule sichtbar und präsent zu sein.[78] Vom eigenen Glauben motiviert, setzen sich Christen für ein christliches Menschenbild *in* der Schule ein, leben beispielhaft ihren christlichen Glauben und begleiten die Angehörigen der Schulgemeinschaft bei der Lösung ihrer individuellen Lebensprobleme. Sie lassen ihre Ideen sowohl bei der Konzeption religiöser Erlebnis- und Erfahrungsräume als auch bei der Gestaltung des allgemeinen Schullebens mit einfließen.[79] Durch die unterschiedlichen Angebote der Schulseelsorge formieren sich neue Gruppen *innerhalb* der Schule. Auch sie können das Schulleben – motiviert von ihrem christlichen Glauben – positiv beeinflussen und mitgestalten.

Aufgrund der zahlreichen strukturellen sowie inhaltlichen Veränderungen in der Institution Schule, angesichts der aktuellen gesellschaftlichen, bildungs- und schulpolitischen Situationen und weil ein harmonischer Schulalltag auf ein Mindestmaß an seelischem Gleichgewicht bei den Personen in der Schule angewiesen ist,[80] steht die evangelische Kirche vor der Herausforderung, einen eigenen Beitrag für den Weg hin zu einer humanen, lern- und

---

[75] Vgl. Wermke, Michael: Schulseelsorge – eine praktisch-theologische und religionspädagogische Grundlegung, Göttingen, 2008, 21.
[76] Siehe 2.2.1 Die Institution Schule – ein staatlicher Ort für Bildung und Erziehung.
[77] Vgl. Dam, Harmjan: Schulseelsorge, ein Handlungsfeld aus drei Quellen, Darmstadt, 2003, 30.
[78] Vgl. Dam, Harmjan, Lothar Jung-Hankel: Schulseelsorge und schulnahe Jugendarbeit. In: Koerrenz, Ralf, Michael Wermke (Hrsg.): Schulseelsorge, Göttingen, 2008, 60.
[79] Vgl. Demmelhuber, Helmut: Schulseelsorge und Sozialarbeit, Göttingen, 2008, 56.
[80] Vgl. Koerrenz, Ralf, Michael Wermke: Vorwort, Göttingen, 2008, 10.

lebensfreundlichen Schulkultur anzubieten. Die Kirche ist somit gefordert, im gesamten schulischen Alltag präsent zu sein, um „Räume zum Luftholen" zu schaffen. Es scheint geradezu unabdingbar, dass die Kirche mit schulseelsorglichen Angeboten, die deutlich über den Religionsunterricht hinaus gehen, einen eigenen Beitrag zur Gestaltung des Schullebens sowie der schulischen Beratungsarbeit anbieten muss[81] und damit ihr Interesse an ihren Mitgliedern ausdrückt.

2.2.3 Keine Schulgemeinschaft gleicht der anderen – das Schulprogramm einer Schule und die Mitglieder einer Schulgemeinschaft

Leitbildentwicklung und Schulprogramme geben der einzelnen Schule heute ein besonderes Profil. Dabei spielt die gemeinsame Werteentwicklung eine entscheidende Rolle. Durch konsequente und engagierte Erziehungsarbeit, geprägt von einem respektvollen sowie freundlichen Umgang zwischen allen Beteiligten einer Schulgemeinschaft, wird ein positives Schulklima geschaffen. Dabei steht die Sorge um den einzelnen Menschen in diesem System immer im Blickpunkt. Hierbei kann Schulseelsorge unterstützend mitwirken.

Eine zentrale Voraussetzung für die Einbindung seelsorglichen Handelns in das System Schule ist, neben der Verankerung im Schulprofil, die Akzeptanz innerhalb der Schulgemeinschaft. Schulseelsorge muss „von unten heraus wachsen"[82] – sie benötigt engagierte und motivierte Religionslehrer oder Pastoren. Darüber hinaus müssen auch die anderen Mitglieder einer Schulgemeinschaft, also das Lehrerkollegium und die Schulleitung einschließlich der Elternschaft, die schulseelsorglichen Angebote

---

[81] Vgl. Heimbrock, Hans-Günter: Evangelische Schulseelsorge auf dem Weg zu >> gelebter Religion<<. In: Gräb, Wilhelm (Hrsg.): Religionsunterricht jenseits der Kirche? Wie lehren wir die christliche Religion? Neukirchen-Vluyn, 1996, 48.

[82] Sendler-Koschel, Birgit: Ein offenes Ohr für Schülerinnen und Schüler, Stuttgart, 2009, 7.

annehmen und unterstützen.[83] Das wachsende Interesse einer Schulgemeinschaft an religiösen Gestaltungselementen innerhalb ihres Schulalltags ist am zunehmenden Bedürfnis nach Lebensorientierung und Gesprächsmöglichkeiten im Lebensraum Schule deutlich zu erkennen.[84]

Gesellschaftliche Entwicklungen der letzten Jahrzehnte haben dazu geführt, dass die Aufwuchsphase von Kindern und Jugendlichen von einer zunehmenden Individualisierung, zugleich aber auch von einer massiven Pluralisierung geprägt wird. Der individuelle Orientierungsbedarf dieser Altersgruppe ist dadurch beträchtlich angestiegen.[85] Die Seelen heutiger Kinder und Jugendlicher leiden bereits sehr früh unter Leistungsdruck, Konkurrenz, Armut und Einsamkeit;[86] viele von ihnen entwickeln bereits in jungen Jahren ein Bewusstsein dafür, dass sie für das Gelingen, aber auch für das Scheitern ihres Lebens selbst verantwortlich sind.[87]

Um diesen seelischen Belastungen standzuhalten, benötigen Kinder frühzeitig erwachsene Bezugspersonen und Vorbilder, die ausreichend Zeit haben, sie auf ihrem persönlichen Entwicklungsweg zu begleiten, die ihnen zuhören und Mut zusprechen können. Immer weniger Kinder und Jugendliche aber haben solch eine Bezugsperson, der sie sich mit ihren unterschiedlichen Lebensthemen anvertrauen können.[88] Seelische Nöte erreichen in solchen Fällen mitunter ein Ausmaß, das junge Menschen schließlich nicht mehr allein kompensieren können.

Logische Folgen solcher Komplikationen können seelische Erkrankungen und erhebliche psychische Störungen sein. Immer mehr Kinder und Jugendliche neigen daher zu aggressiven

---

[83] Vgl. Nestor, Ingrid: Du meine Seele singe ..., Stuttgart, 2009, 4.

[84] Vgl. ebd., 3.

[85] Vgl. Scheilke, Christoph Th.: Schulseelsorge, Stuttgart, 2009, 10.

[86] Vgl. Zick-Kuchinke, Heike: Schulseelsorge als Grenzgang, Darmstadt, 2003, 13.

[87] Vgl. Dam, Harmjan: Schulseelsorge, ein Handlungsfeld aus drei Quellen, Darmstadt, 2003, 29.

[88] Vgl. Ziegler, Gerd W.: Der LAK meldet sich zu Wort, Stuttgart, 2009, 8.

24

Verhaltensformen.[89] Der Konsum legaler und illegaler Drogen, beispielsweise Alkohol oder Cannabis, kommt hinzu und sind dann oft
zentrale Risikofaktoren für gewalttätiges Verhalten. Statistiken belegen dies: Immer mehr Jugendliche trinken regelmäßig Alkohol –
mehr als ein Fünftel konsumiert ihn mindestens einmal in der Woche.[90] 2008 haben rund 15 Prozent der Jugendlichen zudem Cannabis und vier Prozent sogar harte Drogen zu sich genommen.[91]

Weitere Ursachen für aggressives Verhalten von Jugendlichen
können auch eigene Gewalterlebnisse sein, zum Beispiel in der eigenen Familie oder im schulischen Kontext. Einen starken Einfluss
auf Jugendgewalt haben auch delinquente Freunde innerhalb des
sozialen Netzwerks eines Jugendlichen.[92]

Dirk Baier, Christian Pfeiffer, Julia Simonson und Susann Ra-
bold haben in den Jahren 2007 und 2008 eine „Dunkelfelduntersu-
chung zur Jugenddelinquenz" mit dem Schwerpunkt auf Jugendgewalt durchgeführt, bei der sie 44 610 Jugendliche im Alter von
15 Jahren in insgesamt 61 Städten und Kreisen befragt haben. Die
Ergebnisse wurden 2009 im KFN-Forschungsbericht Nummer 107
veröffentlicht: „Jugendliche in Deutschland als Opfer und Täter
von Gewalt: Erster Forschungsbericht zum gemeinsamen Forschungsprojekt des Bundesministeriums des Innern und des KFN".
16,8 Prozent der Befragten sind in dem erfassten Zeitraum mindestens einmal Opfer von Gewalt gewesen, 3,9 Prozent der befragten
Schüler haben fünf beziehungsweise sogar mehr derartige Opferer-
fahrungen in diesem Zeitraum gesammelt. 15,5 Prozent der Befragten gaben an, dass sie im letzten Schulhalbjahr ein- bis zweimal

---

[89] Unter Aggression versteht man in der pädagogischen Psychologie die Absicht, eine
andere Person zu schädigen. Aggressives Verhalten von Kindern und Jugendlichen
zeigt sich in physischer Gewalttätigkeit und Bullying (Gewalt in der Schule, verbale
und physische Quälerei).

[90] Vgl. Kriminologisches Forschungsinstitut Niedersachsen e.V.: Forschungsbericht 107:
Jugendliche als Opfer und Täter von Gewalt. Erster Forschungsbericht zum
gemeinsamen Forschungsprojekt des Bundesministeriums des Innern und des KFN:
http://www.kfn.de/versions/kfn/assets/fb107.pdf, 13, Zugriff am 2.11.2010.

[91] Vgl. ebd., 13.

[92] Vgl. Kriminologisches Forschungsinstitut Niedersachsen e.V.: Forschungsbericht 107:
http://www.kfn.de/versions/kfn/assets/fb107.pdf, 12, Zugriff am 2.11.2010.

von anderen Schülern mit Absicht geschlagen oder getreten wurden. 27,3 Prozent erklärten, dass im vergangenen Halbjahr ein- bis zweimal andere Schüler sie gehänselt oder hässliche Aussagen über sie gemacht hätten; 3,9 Prozent gaben zu, dass ihnen dies mehrmals im Monat passierte.

Auch weitere Ergebnisse dieser Studie belegen die Vermutung, dass körperliche und psychische Gewalt an der Schule immer häufiger vorkommen. Da anzunehmen ist, dass sich die Jugendlichen aus Angst vor Stigmatisierung in der Regel kaum jemandem im System Schule anvertrauen, reichen die bisherigen Beratungssysteme der Schule nicht aus, um solche Negativfaktoren innerhalb des Schulsystems zu lösen beziehungsweise abzubauen. Die bisherigen Systeme kommen an die „Seele" und seelischen Nöte der Schüler in aller Regel nicht heran.

Hier ist die evangelische Schulseelsorge gefordert – als ein Aufgabenfeld im staatlichen System Schule, das sich auf der Basis des jeweiligen Schulprogramms und der Schulgemeinschaft aus christlicher Motivation individuell und mit ausreichend Zeit gezielt um die „Seelen" innerhalb dieses Lern- und Lebensraums kümmert. Besonders gefordert aber ist die Schulseelsorge dann, wenn Krisensituationen auftreten; wenn zum Beispiel ein plötzlicher Todesfall professionell verarbeitet werden muss – mit Schülern, die oft seelisch ohnedies schon unter erheblichem Druck stehen.

Darüber hinaus sind Kinder und Jugendliche die Zukunft unserer Gesellschaft, also die Kirchengemeinden von morgen.[93] Für das zukünftige Gemeindeleben sind ihre Ideen und ihr Engagement unverzichtbar. In der Regel jedoch werden immer weniger Schüler religiös sozialisiert. Sie haben wenig, mitunter sogar keinen direkten Kontakt zu einer Kirchengemeinde und können kaum noch Erfahrungen mit gelebter christlicher Religiosität sammeln. Für diese Kinder und Jugendlichen ist der schulische Religionsunterricht oft die einzige Chance, christlichen Glauben kennen zu lernen und

---

[93] Vgl. Kramer, Anja: Evangelische Schulseelsorge – Herausforderungen und Perspektiven einer seelsorglichen Kirche, Neukirchen-Vluyn, 2005, 184.

christliche Gemeinschaft erleben zu können.[94] Die Arbeitsformen der Schulseelsorge können solche jungen Menschen eventuell für die Arbeit in der christlichen Gemeinschaft motivieren. Die einzelnen Angebote sensibilisieren die Schüler über den Religionsunterricht hinaus für erlebbare Formen christlicher Religiosität; sie regen sie an, sich mit dem christlichen Glauben auseinander zu setzen und schaffen so ein wichtiges Fundament, auf das im Religionsunterricht zurückgegriffen werden kann.

Die schulseelsorglichen Arbeitsformen müssen vom Lehrerkollegium einer Schule in der Praxis mitgetragen werden.[95] Religionslehrkräfte und Schulseelsorger sollten Vorbilder gelebter Religion sein; sie tragen schließlich einen ganz wesentlichen Beitrag dazu bei, dass die schulseelsorglichen Angebote von allen Schulmitgliedern letztlich akzeptiert werden. Durch ihren christlich-religiösen Hintergrund und ihre persönliche Präsenz im Schulleben haben sie eine Schlüsselfunktion, sind Türöffner und Multiplikatoren für die Entwicklung schulseelsorglicher Konzepte.[96]

2.3 Wirkungskreise und Arbeitsformen evangelischer Schulseelsorge

Die Hannoversche Landeskirche strebt ein integriertes Modell der evangelischen Schulseelsorge an, dessen Aufgabe es ist, die christliche Lebensbegleitung und Lebensberatung von Individuen einschließlich Gruppen zu gewährleisten und damit die Schulkultur langfristig mit zu gestalten. Schulseelsorge soll eine Vernetzung zwischen Schule und Kirche darstellen und mit dazu beitragen, weitere inner- und außerschulische Netzwerke aufzubauen.[97]

---

[94] Vgl. Kerner, Cornelia: Schulseelsorge, Stuttgart, 2009, 27.

[95] Vgl. Nestor, Ingrid: Du meine Seele singe ..., Stuttgart, 2009, 4.

[96] Vgl. Drescher, Gerborg: Acht Perspektiven zur Weiterbildung der evangelischen Schulseelsorge, Münster, 2007, 76.

[97] Siehe Abschnitt 2.5.4.6 Vernetzungen inner- und außerhalb der Schule aufbauen und nutzen – Vernetzungskompetenz.

Obwohl die einzelnen Landeskirchen, die Schulformen und Einzelschulen jeweils unterschiedliche Schwerpunkte im Handlungsfeld der Schulseelsorge setzen, lassen sich aus der Bandbreite seelsorglicher Aufgaben vier grundsätzliche Arbeitsformen der religiös-ethischen Lern- und Lebensbegleitung ableiten: Begleitungs- und Beratungsgespräche, Bildungs- und Freizeitangebote, die Gestaltung von Schule als Erfahrungs- und Lebensraum und schließlich ein Angebot in Krisenzeiten. Die schulseelsorglichen Angebote der vier Arbeitsformen ergeben sich in verschiedenen situativen Räumen – zufällig oder institutionalisiert.[98]

Da sich die Angebote auf den „Gesamtorganismus Schule und dessen Umfeld"[99] beziehen, müssen sie je nach Schultyp gezielt variiert und den jeweiligen Anforderungen exakt angepasst werden – und zwar an die jeweiligen örtlichen und situativen Gegebenheiten der entsprechenden Schule, an die Lebenswelt der Schüler und ihre religiöse Sozialisation sowie an die individuellen Ausprägungen der Lehrkräfte einschließlich der Verankerung religiöser Elemente im Schulleben.[100]

Auch innerhalb der individuellen Ausrichtung der schulseelsorglichen Angebote lassen sich durchaus Gemeinsamkeiten feststellen. Einerseits sind es Angebote *für* die Mitglieder einer Schulgemeinschaft, anderseits jedoch auch kooperative Angebote, also Angebote *mit* ihren Mitgliedern. Alle Angebote der einzelnen Arbeitsformen sind grundsätzlich vom christlichen Glauben motiviert, richten sich stets an alle Menschen, die in der Schule und für die Schule tätig sind.[101]

---

[98] Siehe Abschnitt 2.3 Grafik Arbeitsformen und Wirkungskreise evangelischer Schulseelsorge.

[99] Wermke, Michael: Schulseelsorge – eine praktisch-theologische und religionspädagogische Grundlegung, Göttingen, 2008, 26.

[100] Vgl. Spenn, Matthias: Praxismodelle in der Gesamtschule. In: Koerrenz, Ralf, Michael Wermke (Hrsg.): Schulseelsorge, Göttingen, 2008, 260.

[101] Vgl. Demmelhuber, Helmut, Achim Wicker: Vorwort. In: Demmelhuber, Helmut, Achim Wicker (Hrsg.): lebendig, leicht und leise. Spirituelle Impulse und Bausteine für die Schule, Ostfildern, 2006, 11.

28

Die Angebote der Arbeitsformen sollen von gegenseitigem persönlichen Respekt und persönlicher Wertschätzung geprägt sein und
religiöse Erfahrungsräume öffnen.[102] Zentrale Handlungsprinzipien
evangelischer Schulseelsorge sind der situative Ansatz und die
ökumenische Offenheit – alle Angebote müssen auch für Schulmitglieder anderer Konfessionen offen sein, die Teilnahme erfolgt
grundsätzlich freiwillig.[103] Im Zentrum sämtlicher schulseelsorglicher Angebote steht die aktuelle Auseinandersetzung mit gegenwärtigen Lebenslagen, mit den Fragen und Erwartungen, Hoffnungen und Sorgen der Schüler und Lehrer, der Eltern sowie anderer,
in der Schule tätiger Personen.[104] So kann ein effektiver Beitrag zur
Persönlichkeitsentwicklung und zur Herausbildung einer christlichen Identität geleistet werden.

---

[102] Vgl. Dam, Harmjan: Welche Kompetenzen werden für Schulseelsorge gebraucht? In:
Schröder, Bernd: Religion im Schulleben. Christliche Präsenz nicht allein im
Religionsunterricht, Neukirchen-Vluyn, 2006, 39.
[103] Vgl. Schneider, Evelyn: „Ich werde da sein" – Zum Profil der Seelsorgearbeit in der
Schule. In: Loccumer Pelikan, 4/2009, 153.
[104] Vgl. Demmelhuber, Helmut: Schulseelsorge und Schulsozialarbeit im Vergleich.
Referat Schulpastoral, Diözese Rottenburg-Stuttgart, 11/2007.

Schulseelsorge

Arbeitsformen und Wirkungskreise

B I L D U N G — **E R Z I E H U N G**

1. Begleitungsgespräche Beratungsgespräche	**2. Bildungsangebote Freizeitangebote**	**3. Gestaltung von Schule als Erfahrungs- und Lebensraum**
• Spontane Gespräche • Gespräche zu festen Sprechstunden • Gespräche zu vereinbarten Terminen • Weitere Angebote	• Wochenendfreizeiten • Tage der (religiösen) Orientierung • Schulinterne Lehrerfortbildung • Weitere Angebote	• Kooperation mit SV, Schulsozialarbeit und Schulelternrat • Projekte, z.B. zum Thema „Leben und Tod" • Andachten, Gottesdienste, … • Weitere Angebote
Individuum Schüler, Lehrer Eltern	**Gruppe** Schüler, Lehrer, Gremien	**Schulgemeinschaft**

Umfeld Außerschulische Partner

4. Angebot in Krisensituationen

D I A K O N I E

Die vier Arbeitsformen und Wirkungskreise des Schaubilds verdeutlichen, dass in der Schulseelsorge die Bereiche der Bildung, der Erziehung und der Diakonie aufeinander treffen und gemeinsam wirken, während sie sich innerhalb der kirchlichen Tagesarbeit weitgehend auseinander entwickelt haben.

Der Religionspädagoge Harmjan Dam hat die – im Schaubild dargestellten – Arbeitsformen und Wirkungskreise zur Rekonzeptualisierung evangelischen seelsorglichen Handelns in der Schule in einem konzentrisch aufgebauten Modell zusammengefasst.[105] Im Zentrum seines Modells zur praktischen Schulseelsorge steht die Beratung und Begleitung des Individuums im Lern- und Lebensraum Schule. Neben individuellen Begleitungs- und Beratungsangeboten stellen gruppenpädagogische Bildungs- und Freizeitangebote einen zweiten Schwerpunkt im Arbeitsbereich schulseelsorglichen Engagements dar.[106] Einen dritten Schwerpunkt bildet die Mitgestaltung im System Schule als Erfahrungs- und Lebensraum.

In dieser Arbeit sollen nun spezielle seelsorgliche Angebote in Krisensituationen als eine vierte schulseelsorgliche Arbeitsform anhand eines Fallbeispiels besonders herausgearbeitet werden.

2.3.1 Wirkungskreise der Schulseelsorge

In den schulseelsorglichen Arbeitsformen werden unterschiedliche Wirkungskreise angesprochen:

1. das Individuum (Schüler, Lehrer, Eltern, Schulseelsorger, andere Personen des Schulpersonals),
2. die Gruppe (Klasse, Jahrgang, Lehrerkollegium, Schulelternrat, Schulvorstand, Gesamtkonferenz, Fachkonferenz, Klassenkonferenz),
3. die Schulgemeinschaft,

---

[105] Vgl. Dam, Harmjan: Welche Kompetenzen werden für Schulseelsorge gebraucht? Neukirchen-Vluyn, 2006, 39.
[106] Vgl. Dam, Harmjan: Schulseelsorge. In: Bitter, Gottfried, Rudolf Englert (Hrsg.): Neues Handbuch religionspädagogischer Grundbegriffe, München, 2006, 361.

4. das Umfeld (außerschulische Partner).

Das Schaubild verdeutlicht, dass die schulseelsorglichen Arbeitsformen vier Wirkungskreise ansprechen. Alle schulseelsorglichen
Arbeitsformen sind jedoch auf die Vernetzung mit dem inner- und
außerschulischen Umfeld angewiesen.[107]

2.3.2   Arbeitsformen der Schulseelsorge

2.3.2.1   Begleitungs- und Beratungsgespräche

> *„Seelsorge hat etwas zu tun mit dem Gespräch, mit der Beratung."*[108]

Eine wesentliche Arbeitsform der Evangelischen Schulseelsorge
stellen die individuellen, gesprächsgebundenen Begleitungs- und
Beratungsangebote dar. Sie ergänzen die bereits bestehende Arbeit
des Beratungslehrers, des Sozialpädagogen oder des Lehrermedia-
tors innerhalb der Institution Schule durch ein zusätzliches, auf
christlichem Glauben basierendes Angebot der Lebensbegleitung.
Diese religiös-ethische Lebensbegleitung kann Lebens- und Glaubenshilfe sein.[109] Das seelsorgliche Gespräch zeichnet sich durch
das „Eine-Meile-Mitgehen" in den unsicheren Such- und Flucht-
bewegungen junger Menschen im Kontext der Schule aus. Der
Schüler soll sich vom Schulseelsorger hinsichtlich seiner
ambivalenten Erfahrungen und Gefühlen begleitet, angenommen
und akzeptiert fühlen.

Im Unterschied zum Unterrichtsgespräch stehen bei einem seelsorglichen Gespräch keine Sachzusammenhänge im Mittelpunkt,
sondern der individuelle Mensch, der auf seinem Lebensweg vom
Schulseelsorger ein Stück begleitet wird.[110] Ein zentraler Grundsatz

---

[107] Siehe Abschnitt 2.5.4.6 Vernetzungen inner- und außerhalb der Schule aufbauen und
nutzen –Vernetzungskompetenz.

[108] Koerrenz, Ralf: Schulseelsorge – eine pädagogische Grundlegung, Göttingen, 2008,
43.

[109] Vgl. Dam, Harmjan: Welche Kompetenzen werden für Schulseelsorge gebraucht?
Neukirchen-Vluyn, 2006, 38.

[110] Vgl. ebd., 80.

dieser „Weggemeinschaft" besteht darin, dem Gesprächspartner unvoreingenommen gegenüber zu treten und ihn als ganzen Menschen[111] wahrzunehmen.[112] Nur so kann sich der Schulseelsorger dem Einzelnen in seiner momentanen Lage zuwenden und die schulischen Leistungen sowie Rollenerwartungen beziehungsweise Rollenzuschreibungen während des Gesprächs ausblenden.[113]

Damit sich gegenseitiges Vertrauen aufbauen kann, muss ein Schulseelsorger seinem Gesprächspartner aufrichtig gegenübertreten, Einfühlungsvermögen ausstrahlen und Verschwiegenheit versichern. Er fungiert als „Helfer" und „Hoffnungsspender". Er gibt keine Lösungen oder theologischen Deutungen vor, sondern stößt persönliche Klärungsmöglichkeiten an, indem er die Gedanken und Gefühle des Ratsuchenden aufnimmt und ihn in die Lage versetzt, sich auf seine eigenen Möglichkeiten und Ressourcen zu besinnen. So wird der Ratsuchende befähigt, einen eigenen ersten Schritt aus der schwierigen Situation heraus zu planen.[114] Ziel eines schulischen Seelsorgegesprächs ist also die Stärkung des Individuums. Durch die seelsorgliche Begleitungsarbeit sollen Wege aufgezeigt werden, wie in Zukunft besser mit schwierigen Lebenssituationen umzugehen sein könnte. Die meisten schulseelsorglichen Gespräche sind sogenannte „Tür- und Angelgespräche", die situationsgebunden, spontan und unvorbereitet stattfinden: zum Beispiel beim Verabschieden nach dem Unterricht in der Klasse, auf dem Flur oder im Lehrerzimmer, auf dem Pausenhof, beim Kollegiumsausflug, am Elternsprechtag oder am Telefon.[115] Die Wahl des

---

[111] Siehe Abschnitt 2.1.1 Seele – ein zentraler, traditionell theologischer Begriff.

[112] Vgl. Möhring, Britta, Evelyn Schneider: In der Schulseelsorge ressourcenorientierte Gespräche führen. In: Dam, Harmjan, Matthias Spenn (Hrsg.): Qualifizierung Schulseelsorge. Schnittstelle Schule. Impulse evangelischer Bildungspraxis, Münster, 2009, 42.

[113] Vgl. Meyer-Blanck, Michael: Theorie und Praxis der seelsorgerlichen Gesprächsführung. In: Koerrenz, Ralf, Michael Wermke (Hrsg.): Schulseelsorge, Göttingen, 2008, 85.

[114] Vgl. Möhring, Britta, Evelyn Schneider: In der Schulseelsorge ressourcenorientierte Gespräche führen, Münster, 2009, 47.

[115] Vgl. Wermke, Michael: Schulseelsorge – eine praktisch-theologische und religionspädagogische Grundlegung, Göttingen, 2008, 26.

Gesprächsorts und des Gesprächszeitpunkts wird also in den meisten Fällen von der ratsuchenden Person vorgegeben. Der Schulseelsorger muss die Fähigkeit haben, sich genau in diesem Moment auf ein unvorbereitetes Gespräch einzulassen und der ratsuchenden Person damit einen ersten Schritt aus ihrem „Problem-Karussell" zu ermöglichen.[116] Parallel zu diesen spontanen „Tür- und Angelgesprächen" können Gesprächstermine auch individuell vereinbart oder feste Sprechzeiten des Schulseelsorgers in einem separaten Raum bekanntgegeben werden. Daher ist es erforderlich, dass ein Schulseelsorger einen eigenen Raum zur Verfügung gestellt bekommt; für bestimmte Gruppen seelisch belasteter Schüler ist es einfacher, ihre Probleme und Fragen in einer geschützten Umgebung anzusprechen.[117]

„Es ist unumstritten, dass es in einer schwierigen Lebens- oder Berufssituation hilfreich ist, sich auszusprechen zu können."[118]

Bedingt durch die Bandbreite an Individuen innerhalb einer Schulgemeinschaft können sich unterschiedliche Gesprächssituationen und Gesprächsanlässe freudiger oder trauriger Art ergeben, die nicht nur den Einzelnen, sondern auch die gesamte Schulgemeinschaft betreffen können.[119] In den meisten Fällen weiß der Schulseelsorger im Voraus nicht, mit welchen Themen, Fragen und Problemen er konfrontiert wird. Daher ist es hilfreich zu wissen, mit welchen Personengruppen und Themenbereichen es ein Schulseelsorger während seiner schulseelsorglichen Beratungs- und Begleitungsgespräche vermutlich zu tun bekommt und welche Ereignisse schulseelsorgliche Gesprächanlässe auslösen können.

---

[116] Vgl. Möhring, Britta, Evelyn Schneider: In der Schulseelsorge ressourcenorientierte Gespräche führen, Münster, 2009, 47.

[117] Vgl. Kramer, Anja: Evangelische Schulseelsorge – Herausforderungen und Perspektiven einer seelsorglichen Kirche, Neukirchen-Vluyn, 2005, 194.

[118] Büttner, Gerhard: Seelsorge an Unterrichtenden. In: Koerrenz, Ralf, Michael Wermke (Hrsg.): Schulseelsorge, Göttingen, 2008, 108.

[119] Vgl. Möhring, Britta, Evelyn Schneider: In der Schulseelsorge ressourcenorientierte Gespräche führen, Münster, 2009, 42.

Personengruppen und Ereignisse, die schulseelsorgliche Gesprächsanlässe auslösen können

Themen-bereiche	Schüler	Lehrer[120]	Eltern[121]
Leben und Glauben	• religiöse Fragen, Glaubenszweifel • Fragen der Weltdeutung • Fragen zur Lebensbewältigung[122] • Zukunftsängste, Hoffnungslosigkeit • **Todesfall**	• religiöse Fragen, Glaubenszweifel • Fragen der Weltanschauung und Weltdeutung • Fragen zu Lebensbewältigung • **Todesfall**	• religiöse Fragen • Fragen der Weltdeutung • **Todesfall**
Schule	• schulische Anforderungen • Versagensängste • Gewalt innerhalb der Schule, Bullying • Probleme mit einer Lehrkraft als ungerecht empfundene Leistungsbewertung • Krankheit eines Mitschülers oder Lehrers • **Todesfall**	• Erfahrungen im Unterricht • Schwierigkeiten mit einer Lerngruppe • Schwierigkeiten mit einem einzelnen Schüler, Kollegen, Schulleitung oder Eltern • Krankheit eines Kollegen • Krankheit eines Schülers/Kollegen • **Todesfall**	• Schulische Entwicklung des Kindes • Persönlichkeitsentwicklung des Kindes • Zukunftsfragen • Krankheit

---

[120] Die Anliegen von Kollegen können privat oder beruflich sein.

[121] Um die Situation eines Schülers zu verstehen, ist der Kontakt zum Elternhaus wichtig.

[122] Vgl. Otte, Matthias: Gleitwort, Münster, 2007, 5.

Soziales Umfeld	• Konflikte im Elternhaus • Gewalt in der Familie • Essstörungen, Alkohol, weitere Drogen • schwerer Krankheitsfall in der Familie • **Todesfall**	• schwerer Krankheitsfall in der Familie • Beziehungsprobleme (Scheidung) • **Todesfall**	• schwerer Krankheitsfall • Beziehungsprobleme (Scheidung) • **Todesfall**

Ein weiteres zentrales Anliegen der Schulseelsorge – und damit ein immer wiederkehrendes Gesprächsthema – ist die Reflexion persönlicher Lebenseinschnitte für den weiteren individuellen Lebenslauf sowie die allgemeine Begleitung in Lebens- und Glaubensfragen.[123] Obwohl der Gesprächsbedarf bei Sinn- und Lebensfragen vor dem Hintergrund religiöser Deutungen groß ist,[124] weisen die Themenbereiche und Gesprächsanlässe darauf hin, dass nicht jedem schulseelsorglichen Gespräch ein religiöser Inhalt zugrunde liegen muss. Wermke[125] spricht jedoch von dem Anspruch einer religiösen Interpretation des Alltags, auch wenn religiöse Themen nicht explizit angesprochen werden.

Gespräche können die Grundlage für zukünftige Beziehungen und Kooperationen legen.[126] Baut sich in der Gesprächssituation zwischen dem Schulseelsorger und dem Ratsuchenden ein Vertrauensverhältnis auf, ist die Wahrscheinlichkeit groß, dass dieser Kontakt bestehen bleibt und somit das Interesse des Ratsuchenden über die Begleitungs- und Beratungsgespräche hinausgeht. Er informiert sich über andere schulseelsorgliche Angebote, nimmt an ihnen teil und engagiert sich im Laufe der Zeit möglicherweise selbst in anderen Bereichen der Schulseelsorge – beispielsweise in den Bildungs- und Freizeitangeboten sowie bei der Gestaltung von Schule als Erfahrungs- und Lebensraum.

2.3.2.2 Bildungs- und Freizeitangebote

Nicht nur die Gestaltung von Angeboten in der regulären Schulzeit, sondern auch Aktivitäten, die über den Religionsunterricht hinausgehen, außerhalb der Schulzeit stattfinden und die Lebenswelt der

---

[123] Vgl. Koerrenz, Ralf: Schulseelsorge – eine pädagogische Grundlegung, Göttingen, 2008, 43.

[124] Vgl. Dam, Harmjan, Matthias Spenn: Schulseelsorge in Deutschland – eine Situationsbeschreibung, Münster, 2007, 14.

[125] Vgl. Wermke, Michael: Schulseelsorge – eine praktisch-theologische und religionspädagogische Grundlegung, Göttingen, 2008, 29.

[126] Siehe Abschnitt 2.5.4.2 Beziehungen aufbauen und gestalten – Beziehungskompetenz sowie Abschnitt 3.5.4.3 Gesprächsanlässe anbieten und Gespräche führen – Kommunikationskompetenz).

Schüler sowie das Umfeld der Schule einbeziehen, wirken sich positiv auf das Zusammenlernen und -leben innerhalb der Schulgemeinschaft aus. In gemeinschaftlichen außerschulischen Veranstaltungen sollen die Schüler bei ihrer individuellen Orientierung und Sinnsuche unterstützt, in ihrer Identitätsentwicklung gefördert und mit religiös-spirituellen Erfahrungen außerhalb des regulären Religionsunterrichts in Berührung gebracht werden. Durch gruppenpädagogische Angebote sowie mit Hilfe von Bausteinen aus der Jugend- und Freizeitarbeit wird Schulseelsorge in der Lebenswelt der Kinder und Jugendlichen präsent. Aus diesem Grund gehören zur Schulseelsorge – neben persönlicher Lebensbegleitung und Lebensberatung – auch vom christlichen Glauben getragene, zielorientierte Gruppenangebote. Diese Angebote sollen Schüler unterschiedlicher sozialer Herkunft und religiöser Prägung ansprechen, sie auf ihren individuellen Lebenswegen begleiten und fördern.[127] Wochenendfreizeiten oder Tage der religiösen Orientierung sollten in anderen Bildungs- und Erziehungszusammenhängen als dem herkömmlichen Unterricht stattfinden. Schüler lernen dadurch außerschulische Lernorte kennen;[128] des Weiteren kann so auch eine enge Vernetzung mit außerschulischen Partnern aufgebaut werden,[129] die Schüler lernen Hilfseinrichtungen einschließlich ihrer Kontaktpersonen in der Umgebung der Schule kennen.

Während dieser außerschulischen Aktionen erleben sich die Schüler und ihre Betreuer in anderen Rollen – sie lernen sich neu kennen und bauen so ein gegenseitiges Vertrauensverhältnis auf. Thematisch sollten alltagsrelevante oder religiöse Themen, und zwar frei von Leistungsdruck, anlassbezogen und lebensnah, ganzheitlich und kreativ bearbeitet werden. Die Themen dürfen von den

---

[127] Vgl. Dam, Harmjan, Lothar Jung-Hankel: Schulseelsorge und schulnahe Jugendarbeit, Göttingen, 2008, 61, 65.

[128] Vgl. Dinter, Astrid: Rechtliche und strukturelle Rahmenbedingungen, Göttingen, 2008, 72.

[129] Vgl. Vierling-Ihrig, Heike: Was hat die Kirche von der Schulseelsorge? Münster, 2007, 39. Siehe Abschnitt 2.5.4.6 Vernetzungen inner- und außerhalb der Schule aufbauen und nutzen – Vernetzungskompetenz.

38

Betreuungspersonen nicht vorgegeben sein, sondern sind gemeinsam mit den Schülern zu entwickeln.[130]

2.3.2.3 Gestaltung von Schule als Erfahrungs- und Lebensraum

„Beziehungsangebote machen, um Beziehungskompetenz zu fördern."[131]

Eine dritte wesentliche Arbeitsform bildet die Gestaltung von Schule als Erfahrungs- und Lebensraum. Die inzwischen deutlich verlängerte Anwesenheit im Umfeld Schule durch den Ganztagsbetrieb sowie die unterschiedlichen soziokulturellen Umfelder, aus denen die Schüler stammen, erfordern von der Institution Schule nicht nur neue Formen des Zusammenlernens, sondern auch des Zusammenlebens.[132]

Schulgottesdienste und -andachten zu lebensnahen Anlässen oder andere, durch den christlichen Glauben motivierte religiösethische Angebote im Jahreskreis, die direkt oder indirekt in das Schulleben hineinwirken, sind erlebbare Formen christlicher Religiosität im schulischen Kontext.[133]

Solche Angebote gehen in die Lebenswelt der Schüler über, ermöglichen innere Sammlung, unterbrechen den Schulalltag[134] und prägen nicht nur das Schulleben einschließlich der Schulkultur, sondern eröffnen religiöse Erfahrungsräume. Diese religiösen Erfahrungsräume prägen dann durch die Entwicklung eines

---

[130] Vgl. Husmann, Bärbel: Tage der religiösen Orientierung. In: Koerrenz, Ralf, Michael Wermke (Hrsg.): Schulseesorge, Göttingen, 2008, 156f.

[131] Vgl. Schneider, Evelyn: „Ich werde da sein" – Zum Profil der Seelsorgearbeit in der Schule, 4/2009, 156.

[132] Siehe Abschnitt 2.2.1 Die Institution Schule – ein staatlicher Ort für Bildung und Erziehung.

[133] Vgl. Abesser, Bernd: Schulandachten. In: Koerrenz, Ralf, Michael Wermke (Hrsg.): Schulseelsorge, Göttingen, 2008, 147.

[134] Vgl. Demmelhuber, Helmut, Achim Wicker: Wie es gehen kann. Eine Gebrauchsanleitung. In: Demmelhuber, Helmut, Achim Wicker (Hrsg.): lebendig, leicht und leise. Spirituelle Impulse und Bausteine für die Schule, Ostfildern, 2006, 20.

gemeinsamen Werte- und Normenkonzepts die Umgangsformen innerhalb des Lebensraums Schule.[135]

Ein Eckpfeiler bei der Gestaltung religiöser Erfahrungs- und Erlebnisräume innerhalb einer Schulkultur sind gottesdienstliche Angebote. In kurzen Andachten oder Schulgottesdiensten wird Schule zu einem Ort gelebten Glaubens und gemeinsamen Innehaltens im hektischen Schulalltag: Die Schüler sammeln lebensnahe Erfahrungen christlicher Religiosität und erhalten die Gelegenheit, ihren christlichen Glauben zusammen mit ihren Mitschülern gemeinsam zu feiern.

Solche gottesdienstlichen Angebote entlang dem Schuljahr, zum Beispiel am Schulanfang oder Schuljahresende, können feste Bestandteile einer Schulkultur sein. Sie gestalten Übergänge und geben dem Schuljahresrhythmus einen feierlichen Rahmen, indem sie der kommenden oder gemeinsam verbrachten Zeit gedenken und damit Gemeinschaft stiften. Neben solchen Anlässen können jedoch auch Gottesdienste oder Andachten entlang dem Kirchenjahr geplant und gefeiert werden: Advent, Weihnachten, Ostern, Himmelfahrt, Pfingsten, Reformationstag oder Buß- und Bettag bieten sich dazu an. Auch bei anderen Anlässen wie dem Tod eines Schulmitglieds, einem Amoklauf an einer anderen Schule oder bei Naturkatastrophen können von der Feier einer Andacht wichtige gemeinschaftliche Erfahrungen für das Zusammenleben einer Schulgemeinschaft ausgehen. Regelmäßige Andachten in der ersten oder letzten Unterrichtsstunde der Woche können einen gemeinsamen Wochenrhythmus schaffen. Je nach Anlass richten sich diese gottesdienstlichen Angebote an die gesamte Schulgemeinschaft oder müssen auf einen Teil des Schullebens abgestimmt werden.

Auch andere religiöse Angebote zum ordnenden Rahmen des schulischen Alltags[136] zeigen Wege auf, sich Gott zuzuwenden und damit den eigenen Glauben zu stärken. Dies können Sinnsprüche, Gebete oder Bibeltexte zum Tages- oder Stundenbeginn sein, auch

---

[135] Vgl. Vierling-Ihrig, Heike: Was hat die Kirche von der Schulseelsorge? Münster, 2007, 36.

[136] Vgl. Dam, Harmjan, Matthias Spenn: Einleitung, Münster, 2009, 8.

Rituale wie der Morgenkreis sind geeignet.[137] Der Morgenkreis dient als regelmäßige tägliche Gesprächsrunde dem gegenseitigen persönlichen Austausch innerhalb einer Klassengemeinschaft. Die Schüler können sich gegenseitig Schönes, aber auch Trauriges berichten,[138] gemeinsame Gebete sprechen oder religiöse Lieder singen. Im Rahmen solch eines Morgenkreises lernen die Schüler das gemeinsame Innehalten und Aufeinanderachtgeben.[139]

Zu den Angeboten dieser schulseelsorglichen Arbeitsformen zählen auch Arbeitsgemeinschaften am Nachmittag, beispielsweise eine Meditations-, Religions- oder Philosophie-AG, ein Schülerbibelkreis, eine Bibliodrama-AG, ein Gitarrenkurs oder eine Arbeitsgemeinschaft Singen.[140] Sie werden in der Schulseelsorge als „Orte des informellen Lernens"[141] genutzt und sollten von den Schülern mitgestaltet werden.

Um einen nachhaltigen Beitrag zur Mitgestaltung einer Schulkultur zu gewährleisten, kooperiert die Schulseelsorge im Rahmen ihrer Angebotspalette gleichermaßen mit außerschulischen und schulinternen Gruppen.[142]

---

[137] Vgl. Collmar, Norbert: Schulseelsorgerliche Kompetenzen von Pfarrern und Lehrkräften. In: Koerrenz, Ralf, Michael Wermke (Hrsg.): Schulseelsorge, Göttingen, 2008, 129.

[138] Vgl. Wünscher, Ines: Praxismodelle im Grundschulbereich, Göttingen, 2008, 246.

[139] Vgl. Collmar, Norbert: Schulseelsorgerliche Kompetenzen von Pfarrern und Lehrkräften, Göttingen, 2008, 129.

[140] Vgl. Kramer, Anja: Evangelische Schulseelsorge – Herausforderungen und Perspektiven einer seelsorglichen Kirche, Neukirchen-Vluyn, 2005, 195.

[141] Dam, Harmjan, Lothar Jung-Hankel: Schulseelsorge und schulnahe Jugendarbeit, Göttingen, 2008, 65.

[142] Siehe Abschnitt 2.5.4.6 Vernetzungen inner- und außerhalb der Schule aufbauen und nutzen – Vernetzungskompetenz.

2.3.2.4 Angebote in Krisenzeiten

„Seelsorge hat etwas zu tun mit ... der Suche nach geeigneten
Lösungsansätzen in Krisensituationen."[143]

Zu einer humaneren Schulkultur gehören eine intensive Diskussion sowie der persönliche Austausch über die Bedeutung von Krisensituationen. Dies gilt sowohl für den individuellen Lebenslauf als auch für die direkten Auswirkungen einer Krisensituation auf das allgemeine Schulleben.

Krisen eines Schülers – und damit schulseelsorgliche Gesprächsanlässe – können durch unterschiedliche Ereignisse hervorgerufen werden.[144] Ein Ereignis ist dann besonders persönlich belastend, wenn es unvorbereitet eintritt, starke Angst auslöst, Hilflosigkeit oder persönliches Entsetzen erzeugt.

„Die Begleitung von Menschen in Not ist das ureigenste Anliegen
der Kirche in der Nachfolge Jesu."[145]

Die christliche Gemeinschaft ist vor allem dann gefragt, wenn Kinder und Jugendliche in ihrem tiefsten Inneren erfahren, dass sie für ihre eigene Biografie verantwortlich gemacht werden.[146] Aus diesem Grund zählen zu den Aufgaben eines Schulseelsorgers auch das Gestalten von Trauerprozessen sowie das Begleiten von Schulmitgliedern in Trauerprozessen.

Wo ein Mensch stirbt, bleiben andere zurück, die in ihrer Ohnmacht aufgefangen und in ihrem Trauerprozess begleitet werden müssen. Die seelsorgliche Begleitung von Betroffenen in konkreten

---

[143] Vgl. Koerrenz, Ralf: Schulseelsorge – eine pädagogische Grundlegung, Göttingen, 2008, 43.

[144] Siehe Tabelle „Themenbereiche, Personengruppe, Anlässe und Ereignisse, die schulseelsorgliche Gesprächsanlässe auslösen können" in Abschnitt 2.3.2.1 Begleitungs- und Beratungsgespräche.

[145] Dam, Harmjan, Andreas Mann: In der Schulseelsorge bei schulischen Notfällen und Krisensituationen handlungsfähig sein. In: Dam, Harmjan, Matthias Spenn (Hrsg.): Qualifizierung Schulseelsorge. Schnittstelle Schule. Impulse evangelischer Bildungspraxis, Münster, 2009, 85.

[146] Vgl. Dam, Harmjan: Schulseelsorge als religiös-ethische Lebensbegleitung. In: Religionspädagogische Hefte. Ausgabe B: Berufsbildende Schulen I/1999, 9.

Notfall- und Krisensituationen nimmt in der Schulseelsorge daher einen sehr hohen Stellenwert ein.[147] Dank der Begleitung von Sterbenden und Trauernden besitzt die evangelische Kirche eine Vielfalt von Ritualen, Gesten, biblischen Texten und Liedern, die den Betroffenen in einer Trauersituation Trost und Zuversicht spenden.[148] Auf dieses spezifische Handlungsrepertoire kann der Schulseelsorger bei der Begleitung in Krisensituationen und der Gestaltung von Trauerprozessen zurückgreifen.

Stirbt ein Mitglied einer Schulgemeinschaft, sind nicht nur Einzelne emotional stark betroffen, sondern in der Regel das gesamte soziale Netz einer Schule. Ziel ist es, so schnell und so behutsam wie möglich wieder ins Handeln zurück zu gelangen, äußere und innere Stabilität herbeizuführen und damit wieder zur Normalität zurückzukehren.[149]

2.4 Der Schulseelsorger – ein spezielles Lehrerprofil

Eine professionelle Schulseelsorge erfordert ein spezifisches Profil. Nicht jeder Religionslehrer eignet sich aufgrund seines Persönlichkeits- und Lehrerprofils für die Aufgaben eines Schulseelsorgers. Neben einem feinfühligen, auf Nächstenliebe ausgerichteten Persönlichkeitsbild und theologisch-religionspädagogischen Kompetenzen erfordert dieser Aufgabenbereich eine spezielle Weiterbildung. Schulseelsorgliche Fachkompetenz, beispielsweise ein seelsorglich orientiertes, praxisbezogenes Handlungsrepertoire, das gründlich reflektiert und sorgsam eingesetzt werden muss, sind grundlegende Voraussetzungen für diese Arbeit.[150]

---

[147] Vgl. Dam, Harmjan, Matthias Spenn: Schulseelsorge in Deutschland – eine Situationsbeschreibung, Münster, 2007, 14.

[148] Vgl. Rüttiger, Gabriele: 6.7 Methoden und Rituale. In: Evangelisch-Lutherische Kirche in Bayern, Katholisches Schulkommissariat in Bayern (Hrsg.): „Wenn der Notfall eintritt" Ein Handbuch für den Umgang mit Tod und anderen Krisen in der Schule, Heilsbronn, 2008, 28.

[149] Siehe Abschnitt 3.2 Ein Konzept zur schulinternen Notfallseelsorge als Hilfsmittel im Umgang mit dem plötzlichen Todesfall eines Schülers.

[150] Vgl. Dam, Harmjan: Welche Kompetenzen werden für Schulseelsorge gebraucht? Neukirchen-Vluyn, 2006, 40.

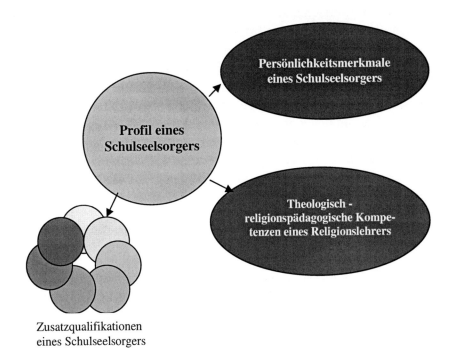

Zusatzqualifikationen
eines Schulseelsorgers

2.4.1   Persönlichkeitsmerkmale eines Schulseelsorgers

Für eine wirklich professionelle, auf möglichst schnelle Hilfe aus-
gerichtete Arbeit sollte ein Schulseelsorger unbedingt zwischen-
menschliche Lebenserfahrungen gesammelt haben und dazu in der
Lage sein, sich in komplizierte Lebenssituationen anderer Menschen hinein versetzen zu können. Persönliche Grundhaltung muss
sein, dass es zwar für viele, nicht aber für alle Probleme
entsprechende Lösungswege gibt.[151] Ein Schulseelsorger sollte eine
hohe Empathie besitzen, Vertrauen ausstrahlen und im allgemeinen
Schulleben möglichst konstant präsent sein. Er muss seinem Gegenüber unbedingt signalisieren können, dass er ihn mit all seinen

---

[151] Vgl. Dam, Harmjan: Welche Kompetenzen werden für Schulseelsorge gebraucht?
Neukirchen-Vluyn, 2006, 43.

Stärken und Schwächen, Erfolgen und Misserfolgen versteht, akzeptiert und wertschätzt.[152]

Da eine reflektierte Selbstwahrnehmung grundlegende Voraussetzung für eine erfolgreiche Fremdwahrnehmung ist, benötigt ein Schulseelsorger ein reflektiertes Selbstverständnis hinsichtlich der eigenen Rolle und Tätigkeit.[153] Er muss bei seiner seelsorglichen Arbeit aber auch auf sich selbst achten, also die Grenzen seiner eignen Handlungsmöglichkeiten erkennen. Außerdem muss er in prekären seelsorglichen Situationen auch Distanz zu seinen eigenen, noch nicht vollständig verarbeiteten Erfahrungen und Problemen entwickeln können, um die Beziehung zur ratsuchenden Person nicht zu belasten.

2.4.2 Theologisch-religionspädagogische Kompetenzen eines Religionslehrers

Die Basis für theologisch-religionspädagogische Kompetenzen ist die Bildung einer beruflichen Identität.[154] Derzeitige Modelle religionspädagogisch Handlungsfähiger umfassen vier grundlegende Kompetenzbereiche eines Religionslehrers:[155]

Der erste Kompetenzbereich konzentriert sich auf die Person des Religionslehrers – auf seine Reflexionsfähigkeit.[156] Durch diese kann der Lehrer seine eigene Religiosität, seine persönliche Rolle als Religionslehrer und auch sein eigenes Handeln reflektiert wahrnehmen. Dank der Kompetenz, all dies distanziert betrachten und beurteilen zu können, ist der Lehrer in der Lage, seine eigenen

---

[152] Vgl. Dam, Harmjan: Welche Kompetenzen werden für Schulseelsorge gebraucht? Neukirchen-Vluyn, 2006, 43.

[153] Vgl. Collmar, Norbert: Schulseelsorgerliche Kompetenzen von Pfarrern und Lehrkräften, Göttingen, 2008, 125.

[154] Vgl. Huber, Wolfgang: Gleitwort. In: Kirchenamt der EKD (Hrsg.): Theologisch-religionspädagogische Kompetenz. Professionelle Kompetenzen und Standards für die Religionslehrerausbildung, Hannover, 2008, 7.

[155] Vgl. Kirchenamt der EKD (Hrsg.): Theologisch-religionspädagogische Kompetenz. Professionelle Kompetenzen und Standards für die Religionslehrerausbildung, Hannover, 2009, 14.

[156] Vgl. ebd., 28f.

Kompetenzen fortwährend weiter zu entwickeln.[157] Der zweite Bereich umfasst die fachlichen Aufgaben eines Religionslehrers. Dazu zählen eine professionelle, sachgemäße Erschließung der Unterrichtsthemen sowie eine differenzierte methodisch-didaktische Gestaltung und Planung, Durchführung und Reflexion der religiösen Lehr- und Lernprozesse.[158] Dafür benötigt der Religionslehrer ein exaktes und grundlegendes, fachlich fundiertes und fachdidaktisches Wissen. Er muss in der Lage sein, komplexe Inhalte des christlichen Glaubens mit verständlichen Worten den Schülern altersgemäß erklären zu können, sollte also über die Fähigkeit zur Elementarisierung verfügen.[159] Zudem muss er die Fähigkeit besitzen, die individuellen Fragen und Erfahrungen seiner Schüler wahrzunehmen, sie in den Unterricht einfließen zu lassen und zugleich eine Auseinandersetzung mit diesen Problemen anzuregen.[160]

Im dritten Kompetenzbereich geht es um die Beratung, Begleitung und Förderung der Schüler bei ihren religiösen Lernprozessen sowie um die Beurteilung erworbener Kompetenzen seitens der Schüler, beispielsweise um religionspädagogische Verantwortung, um Auskunfts- und Dialogfähigkeiten im christlichen Glauben oder um die Herausbildung ethisch verantwortlicher Urteilsfähigkeiten.[161] Die Voraussetzung dafür ist, dass sich der Religionslehrer dazu in der Lage befindet, die gegenwärtigen Lernstände, Erfahrungen und Einstellungen seiner Schüler richtig zu diagnostizieren.[162]

Der letzte Bereich schließlich umfasst Kompetenzfaktoren, die ein Religionslehrer benötigt, um pädagogisch erforderliche

---

[157] Vgl. ebd., 18.

[158] Vgl. Kirchenamt der EKD (Hrsg.): Theologisch-religionspädagogische Kompetenz, Hannover, 2009, 14 und 30.

[159] Vgl. Nauer, Doris: Seelsorge, Stuttgart, 2010, 247.

[160] Vgl. Huber, Wolfgang: Gleitwort, Hannover, 2008, 7-9.

[161] Vgl. Kirchenamt der EKD (Hrsg.): Theologisch-religionspädagogische Kompetenz, Hannover, 2009, 14ff und 35.

[162] Vgl. ebd., 34.

46

Entwicklungsprozesse positiv begleiten zu können.[163] Er muss kollegial anerkannter Mentor dafür sein, dass religiöse Bildung auf der Grundlage des christlichen Menschenbildes für eine positive Gestaltung des staatlichen Lern- und Lebensraums Schule von entscheidender Bedeutung ist.

Außerdem benötigt ein Religionslehrer die Fähigkeit, sich mit konfessionellen, religiösen und weltanschaulichen Positionen tolerant auseinandersetzen zu können,[164] auch wenn sie mit dem eigenen Glauben nicht übereinstimmen. Schüler dürfen sich aufgrund ihrer Konfession oder Weltanschauung nicht als Person ausgegrenzt, verletzt oder gar abgewertet fühlen – sie müssen erleben, von dem Religionslehrer als Mensch angenommen zu sein.

2.4.3   Zusatzqualifikationen eines Schulseelsorgers

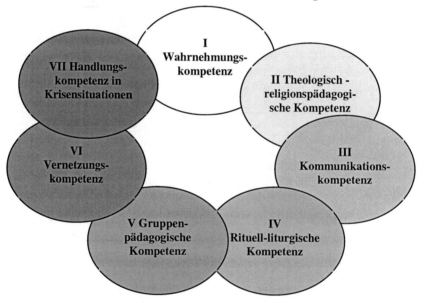

---

[163] Vgl. ebd., 14.
[164] Vgl. ebd., 21.

2.4.3.1 Wahrnehmungskompetenz
Situationen wahrnehmen und deuten

Ein Schulseelsorger muss die aktuellen Themen und Probleme, die von den Mitgliedern einer Schulgemeinschaft in die Schule hinein gebracht werden, und all diejenigen, die in der Schule selbst entstehen, sensibel wahrnehmen und deuten können.[165] Er sollte seelsorgliche Anlässe bereits vor der eigentlichen seelsorglichen Begegnung erkennen. Dazu gehört die Fähigkeit, versteckte Signale, die ein Schüler beispielsweise schon während eines „Tür- und Angelgespräches" aussendet, frühzeitig wahrzunehmen und entsprechend zu deuten, um so schon vorher herauszufinden, was der jeweilige Mensch in der spezifischen Situation wirklich braucht. Dabei kann sich eine „sensible Lesebrille"[166], mit deren Hilfe die herausgehobenen Augenblicke des Alltags von Schülern, Lehrern und anderen beteiligten Personen wahrgenommen werden können, als durchaus hilfreich erweisen. Des Weiteren sollte der Schulseelsorger spüren, in welchem Gemütszustand sich sein Gegenüber befindet – ob die Person in Ruhe gelassen oder begleitet werden möchte. Außerdem benötigt er die Kompetenz, in Gesprächsinhalten religiöse Dimensionen wahrzunehmen, sie aufzugreifen und im weiteren Verlauf des Gesprächs durch biblische Deutungsangebote weiterzuführen.[167]

Wahrnehmungskompetenz bedeutet somit nicht nur das Wahrnehmen von Situationen, sondern auch das Nachempfinden der gegenseitigen Beziehungen[168] und der Gefühle von Mitgliedern einer Schulgemeinschaft.

---

[165] Vgl. Dam, Harmjan: Welche Kompetenzen werden für Schulseelsorge gebraucht? Neukirchen-Vluyn, 2006, 42.

[166] Koerrenz, Ralf: Schulseelsorge – eine pädagogische Grundlegung, Göttingen, 2008, 43.

[167] Vgl. Collmar, Norbert: Schulseelsorgerliche Kompetenzen von Pfarrern und Lehrkräften, Göttingen, 2008, 127f.

[168] Vgl. Kramer, Anja: Aktuelle Tendenzen in der Seelsorge und ihre Bedeutung für die Schulseelsorge, Münster, 2007, 60.

2.4.3.2 Beziehungskompetenz

Beziehungen aufbauen und gestalten

„*Schulseelsorge ist Beziehungsarbeit.*"[169]

Die Beziehungsfähigkeit eines Schulseelsorgers ist eine elementare Grundvoraussetzung für den Erfolg schulseelsorglicher Arbeit.[170] Ein Schulseelsorger sollte grundsätzlich Freude an der Begegnung mit Menschen haben. Um Gesprächsanlässe zu schaffen und schulseelsorgliche Angebote zu etablieren, muss er in der Lage sein, Beziehungen zu Menschen unterschiedlichen Alters und unterschiedlicher sozialer Herkunft aufzunehmen, zu gestalten und individuell zu pflegen. Dies gilt nicht nur für Beziehungen zu einzelnen Mitgliedern einer Schulgemeinschaft, sondern schließt auch Gruppen einschließlich außerschulischer Kooperationspartner und Institutionen ein.[171]

Die Voraussetzung für den Aufbau solcher Beziehungen ist die Präsenz des Schulseelsorgers im schulischen Alltag. Er sollte jederzeit ansprechbar sein, also Beziehungsangebote unterschiedlicher Art signalisieren, ohne sich dabei jedoch aufzudrängen.[172] Durch die Grundhaltung „Mich darfst du jederzeit ansprechen und in meinen Tätigkeiten unterbrechen" sowie durch die wertschätzende Gestaltung einer Beziehung wird für eine betroffene Person die bedingungslose Annahme des Menschen durch Gott erfahrbar.[173]

Zur Beziehungskompetenz eines Schulseelsorgers gehört weiterhin die Fähigkeit, aus situativen beziehungsweise bruchstückhaften Begegnungen möglichst nachhaltige Beziehungen aufzubauen, in denen der Hilfesuchende seine Anliegen angstfrei und in Ruhe

---

[169] Dam, Harmjan: Welche Kompetenzen werden für Schulseelsorge gebraucht? Neukirchen-Vluyn, 2006, 42.

[170] Vgl. Dam, Harmjan, Matthias Spenn: Einleitung, Münster, 2009, 9.

[171] Siehe Abschnitt 2.5.4.6 Vernetzungen inner- und außerhalb der Schule aufbauen und nutzen – Vernetzungskompetenz.

[172] Vgl. Baumann, Ulrike: In der Schulseelsorge beziehungsfähig sein, Münster, 2009, 68.

[173] Vgl. Möhring, Britta, Evelyn Schneider: In der Schulseelsorge ressourcenorientierte Gespräche führen, Münster, 46.

aussprechen kann. Die Beziehung sollte von einer angemessenen Balance zwischen Nähe und Distanz geprägt sein. Der Aufbau einer Beziehung sowie die Wahrnehmung und richtige Deutung einer Situation oder eines Anliegens ist eine wichtige Voraussetzung für das Gelingen eines Gesprächs.

2.4.3.3 Kommunikationskompetenz
Gesprächsanlässe anbieten und Gespräche führen

Neben den Grundlagen der Kommunikation und der Gesprächsführung muss ein Schulseelsorger im Bereich der kommunikativen Kompetenz auch über die Fähigkeiten des aktiven und passiven Zuhörens[174] und des „Zwischen-den-Zeilen-Lesens" verfügen. Nur so kann er verborgene Äußerungen erspüren und bei Bedarf ein „normales" Alltagsgespräch in ein schulseelsorgliches Gespräch umwandeln.[175] Dies soll jedoch nicht bedeuten, dass sich jedes Gespräch mit dem Schulseelsorger zu einem schulseelsorglichen Dialog entwickeln muss. Gesprächskompetenz impliziert auch, dem Partner in einer wertschätzenden Gesprächsatmosphäre das Gefühl zu vermitteln, dass zwar alles gesagt werden kann, aber nicht alles unbedingt gesagt werden muss. Durch den Aufbau solch einer Gesprächsatmosphäre fühlt sich der Gesprächspartner als gleichberechtigte Person geachtet und angenommen.

Ein Schulseelsorger muss mithin die Fähigkeiten besitzen, in einer Gesprächssituation auch nonverbale Signale wahrzunehmen und dabei zu erkennen, in welchen Momenten es angebracht ist, auch Stille auszuhalten.

---

[174] Vgl. Baumann, Ulrike: Fortbildung Schulseelsorge – ein Pilotprojekt der Evangelischen Kirche im Rheinland. In: Dam, Harmjan, Matthias Spenn (Hrsg.): Evangelische Schulseelsorge. Hintergründe, Erfahrungen, Konzeptionen, Münster, 2007, 72.

[175] Vgl. Wermke, Michael: Schulseelsorge – eine praktisch-theologische und religionspädagogische Grundlegung, Göttingen, 2008, 30.

2.4.3.4 Rituell-liturgische Kompetenz
Rituell-liturgisches Gestalten von religiösen Erfahrungsräumen

„Seelsorge lebt vom Umgang mit Ritualen, Symbolen, Gesten und liturgischen Feiern."[176]

Rituell-liturgische Kompetenz bedeutet einerseits die Fähigkeit, religiöse Rituale wie beispielsweise das Gebet oder den Segen in eine seelsorgliche Situation und den schulischen Alltag einzubinden. Anderseits muss auch gewährleistet sein, dass ein Schulseelsorger die Kompetenz besitzt, eine seelsorgliche Situation selbst zu ritualisieren.[177] Der Schulseelsorger braucht also das Gespür, den ganzen Menschen mit all seinen Sinnen anzusprechen[178] und muss in der Lage sein, religiöse Erfahrungsräume und Feiern so zu gestalten, dass sie die Beteiligten innerlich berühren.

2.4.3.5 Gruppenpädagogische Kompetenz
Gruppenpädagogische Prozesse planen und gestalten

Schulseelsorge richtet sich nicht nur an einzelne Personen, sondern in beträchtlichem Ausmaß auch an Gruppen.[179] Für das erfolgreiche Gelingen gruppenpädagogischer Bildungs- und Freizeitangebote ist eine verantwortungsvolle Planung und Durchführung innerhalb eines Planungsteams zwingend erforderlich. Organisatorische Fähigkeiten, wie beispielsweise das detaillierte Planen, Leiten, Steuern und Gestalten von Gruppenprozessen, sind somit unerlässliche Kompetenzen eines Schulseelsorgers.

Da die Angebote der einzelnen Arbeitsformen weitgehend auch durch die Mitarbeit anderer Personen getragen werden, wird von einem Schulseelsorger auch praxisbezogene Team- und Vernetzungsfähigkeit verlangt.

---

[176] Nauer, Doris: Seelsorge. Sorge um die Seele, Stuttgart, 2010, 255.
[177] Siehe Abschnitt 2.4.2 Theologisch-religionspädagogische Kompetenzen als Religionslehrer.
[178] Vgl. Nauer, Doris: Seelsorge, Stuttgart, 2010, 256.
[179] Siehe Abschnitt 2.3.2.2 Bildungs- und Freizeitangebote.

2.4.3.6 Vernetzungskompetenz
Vernetzungen inner- und außerhalb der Schule aufbauen und nutzen

„Evangelische Schulseelsorge baut Brücken in das Schulumfeld, in das Gemeinwesen ...“[180]

Da die Akzeptanz sowie die Planung und das Gelingen schulseelsorglicher Arbeit in beträchtlichem Maß von einer erfolgreichen Vernetzung inner- und außerhalb der Schule abhängig ist und Schulseelsorge nicht isoliert stattfinden kann, muss ein Schulseelsorger dazu befähigt sein, ein soziales Netzwerk aufzubauen oder bereits bestehende Netze zu nutzen.[181] Alle Beteiligten dieser Netzwerke müssen in die Gestaltung und Durchführung der schulseelsorglichen Angebote eingebunden werden. Dies kann nur gelingen, wenn der Schulseelsorger laufend im gegenseitigen Austausch mit den Kooperationspartnern steht und den Kontakt mit ihnen pflegt.

Mögliche Kommunikations- und Kooperationspartner innerhalb der Schulgemeinschaft sind der Beratungs- und Vertrauenslehrer, der Schulsozialarbeiter sowie die Schülervertretung. Ein Schulseelsorger steht in regelmäßigem Kontakt zu den Fach- und Klassenlehrern und arbeitet an mehreren Projekten mit, beispielsweise bei der Gewalt- oder Suchtprävention. Durch die Vernetzung und Zusammenarbeit mit den innerschulischen Kooperationspartnern werden die seelsorglichen Arbeitsformen ins Schulleben integriert. Mögliche außerschulische kirchliche Kooperationspartner sind beispielsweise die Diakonie oder die benachbarte Kirchengemeinde mit ihrem Pastor. Die religiöse Pluralität innerhalb einer Schulgemeinschaft legt eine Vernetzung mit katholischen und muslimischen Religionsvertretern vor Ort nahe.[182] Kooperationspartner nicht-kirchlicher Einrichtungen könnten die Jugendhilfe, der

---

[180] Zick-Kuchinke, Heike: Schulseelsorge als Grenzgang, Darmstadt, 2003, 16.
[181] Vgl. Collmar, Norbert: Schulseelsorgerliche Kompetenzen von Pfarrern und Lehrkräften, Göttingen, 2008, 128.
[182] Vgl. Spenn, Matthias: Praxismodelle in der Gesamtschule, Göttingen, 2008, 261.

Kinderschutzbund, die psychologischen Beratungsstellen, die Polizei sowie die Jugendzentren oder Sportvereine sein.[183]

„Die Elternperspektive ist keine überflüssige Zusatzperspektive, sondern grundlegend für eine gelingende Schulseelsorge."[184]

Schulseelsorge hat zugleich auch die familiäre Vernetzung im Blick. Elternarbeit ist immer ein Teil schulseelsorglichen Wirkens.[185] Sie in die schulseelsorgliche Arbeit einzubinden und hat nicht nur eine sozialisationstheoretische Begründung, sondern auch theologische Aspekte:[186] Die Erfahrungen, die Schüler im Elternhaus sammeln, haben einen entscheidenden Einfluss auf die Profilierung des Gottesverhältnisses. Des Weiteren erhält der Schulseelsorger durch die Vernetzung mit dem Elternhaus in Einzel- und Gruppengesprächen auch Eindrücke von der familiären Situation sowie vom Ausmaß der religiösen Sozialisation der Schüler. Durch die Vernetzung mit dem kirchlichen, sozialen und familiären Umfeld fördert die Schulseelsorge also die soziale Öffnung der Schule und bezieht ganz bewusst außerschulische Partner in die schulseelsorgliche Arbeit fest mit ein. So kann im Bedarfsfall zeitnah professionelle Unterstützung angefordert werden.

2.4.3.7 Handlungskompetenz in Krisensituationen
Im Ernstfall handlungsfähig bleiben

Um in Krisensituationen handlungsfähig bleiben zu können, ist das Zusammenwirken aller schulseelsorglichen Zusatzqualifikationen erforderlich. Die theologisch-religionspädagogischen Kompetenzen des Schulseelsorgers sind in ihrer Gesamtheit gefragt. Besonders in drastischen Krisensituationen, wie zum Beispiel beim Tod eines Mitglieds der Schulgemeinschaft, ist der Schulseelsorger in der

---

[183] Vgl. Klessmann, Michael: Seelsorge, Neukirchen-Vluyn, 2008, 378.

[184] Domsgen, Michael: Seelsorge an Eltern. In: Koerrenz, Ralf, Michael Wermke (Hrsg.): Schulseelsorge, Göttingen, 2008, 120.

[185] Vgl. Dinter, Astrid: Rechtliche und strukturelle Rahmenbedingungen, Göttingen, 2008, 73.

[186] Vgl. Domsgen, Michael: Seelsorge an Eltern, Göttingen, 2008, 120.

Regel derjenige, der durch Trauerarbeit die tröstliche Hoffnung vermitteln muss, dass Gottes Liebe stärker ist als der Tod. Nötig sind dann auch funktionierende Beziehungen und gute Kooperationen:

- Nur wenn im Voraus nachhaltige, von gegenseitigem Vertrauen geprägte Beziehungen aufgebaut worden sind, werden sich Schüler, Lehrer, Eltern oder andere Beteiligte dem Schulseelsorger in einer Krisensituation mit ihren Fragen, Sogen und Problemen anvertrauen.

- Nur wenn der Schulseelsorger über qualifizierte Grundkenntnisse über die kindliche Entwicklung einschließlich kindlicher Todesvorstellungen verfügt, kann er Reaktionen und Fragen in einer Krisensituation verstehen und deuten.

- Nur wenn Netzwerke sehr sorgfältig und weit gespannt aufgebaut worden sind, kann auf sie in einer unerwarteten Krisensituation erfolgreich – also schnell – zurückgegriffen werden.

- Nur wenn der Schulseelsorger über ein ausreichendes Repertoire rituell-liturgischer Gestaltungsmöglichkeiten verfügt, kann er zeitnah eine Andacht planen beziehungsweise religiöse Elemente, Lieder oder Gebete – beispielsweise bei der Überbringung einer Todesnachricht – in seine Arbeit einbinden.

Die Fülle dieser unterschiedlichen Zusatzqualifikationen macht deutlich, dass für die Tätigkeit eines Schulseelsorgers neben menschlichen, pädagogischen und religionsfachlichen Grundkompetenzen unbedingt eine qualifizierte Zusatzausbildung nötig ist. Einige Landeskirchen, wie zum Beispiel die Hannoversche Landeskirche, bieten solche Qualifizierungen für Lehrer und Pastoren an.

3 Trauerbegleitung – eine besondere Arbeitsform evangelischer Schulseelsorge in Krisenzeiten

Tod und Trauer – sie machen auch vor Schulen nicht Halt. Der Tod eines Schülers ist selten voraussehbar und trifft nicht nur die Klassenkameraden, sondern die ganze Schule. Die Atmosphäre nach einem Todesfall spiegelt die Haltung einer ganzen Schule gegenüber den Themen Sterben, Tod und Trauer wider. Ein Todesfall wirft viele Fragen auf und stellt alle Beteiligten – Schulseelsorger, Lehrer und Schüler – vor besondere pädagogische und theologische Herausforderungen, denen mit Fachkompetenz begegnet werden muss.

Die eigene Angst vor der Trauer sowie das Gefühl, sein Kind vor den Schattenseiten des Lebens beschützen zu müssen, führt oft dazu, dass Eltern und Lehrer versuchen, Kinder vor bitteren Erfahrungen mit dem Tod zu bewahren, um ihnen so eine sorglose Kindheit zu erhalten.[187] Die Verdrängung dieses Themas belegt eine sprachlos gewordene Angst der Erwachsenen. In der aktuellen Trauerforschung wird die Ansicht vertreten, dass Kindern und Jugendlichen die Beschäftigung mit menschlichen Grenzsituationen einschließlich des Erlebens von Trauer durchaus zugemutet werden darf[188] und dass die Verarbeitung von Verlustsituationen ein Bestandteil der geistig-seelischen Entwicklung ist. Somit muss sich auch eine Schulgemeinschaft der Auseinandersetzung mit Sterben und Tod stellen; ihre Schüler dürfen von grundlegenden Lebenserfahrungen wie Abschieds- oder Verlustsituationen weder geschützt noch verschont werden. Die Schulseelsorge gibt den Betroffenen in der Auseinandersetzung mit dem Tod individuelle Impulse aus christlicher Sicht. Darüber hinaus bietet sie Lehrern gezielte Hilfestellungen bei kollegialen Beratungen während der Trauerarbeit an.

---

[187] Vgl. Witt-Loers, Stephanie: Sterben, Tod und Trauer in der Schule, Göttingen, 2009, 123.
[188] Vgl. ebd., 12.

Das zentrale Stichwort eines schulinternen Notfallseelsorge-Konzepts für den plötzlichen Tod eines Schülers lautet daher „Handlungsfähigkeit".[189]

3.1 Auf einmal ist alles anders: der Umgang mit Tod und Trauer innerhalb einer Schulgemeinschaft

„Sterben, Tod und Trauer müssen Bestandteil von Schulkultur sein, wenn Schule für sich in Anspruch nehmen will, Kinder ganzheitlich und offen auf ihrem Lebensweg zu begleiten und in der Bewältigung von Verlusterfahrungen zu unterstützen."[190]

Die Art und Weise, wie eine Schule mit einem tragischen Ereignis umgeht, wird einerseits das zukünftige Zusammenleben und -lernen innerhalb einer Schulgemeinschaft prägen und andererseits das künftige Verhalten von Schülern im Umgang mit Tod und Sterben weitgehend formen. Aus diesem Grund bedarf es einer Schulkultur, in der das Thema „Tod und Sterben" enttabuisiert ist, durch den Religionsunterricht und durch schulseelsorgliche Angebote ins Schulleben integriert wird und damit eine Auseinandersetzung mit dem Tod ermöglicht werden kann, bevor ein Todesfall eintritt.[191]

Die Trauerbegleitung von Schülern ist eine komplexe, vielschichtige und kräftezehrende Herausforderung. Ein gutes Schulklima, ein vertrauensvolles Verhältnis zwischen Schülern und Lehrern sowie eine positive Teamarbeit zwischen Lehrern, Schulseelsorger und sonstigen schulischen Mitarbeitern ist eine Kernvoraussetzung für den Umgang mit Tod und Sterben innerhalb einer Schulgemeinschaft.

---

[189] Vgl. Dam, Harmjan, Andreas Mann: In der Schulseelsorge bei schulischen Notfällen und Krisensituationen handlungsfähig sein, Münster, 2009, 85.

[190] Jennessen, Sven: Manchmal muss man an den Tod denken … Wege der Enttabuisierung von Sterben, Tod und Trauer in der Grundschule. In: Kaiser, Astrid (Hrsg.): Basiswissen Grundschule, Baltmannsweiler, 2007, 38.

[191] Vgl. Jennessen, Sven: Manchmal muss man an den Tod denken, Baltmannsweiler, 2007, 3.

„Trauerkonzepte können eine Orientierung sein, um Trauerreaktionen und Trauerprozesse einzuordnen. Sie erleichtern es, Trauernde zu verstehen und ihre oft widersprüchlichen Gefühle der Trauer zu würdigen."[192]

Der Tod eines Schülers löst bei seinen Mitschülern starke Emotionen sowie unvorhersehbare Reaktionen aus.[193] Das Verhalten eines Schülers nach dem Tod eines Mitschülers ist nicht nur von der Intensität seiner Beziehung zu dem Toten abhängig, sondern auch von der Entwicklung der individuellen Todesvorstellungen des Kindes. Um im Ernstfall auf mögliche Reaktionsformen der Schüler vorbereitet zu sein, müssen sich Lehrkräfte und Schulseelsorger bereits im Voraus mit potenziellen Trauerreaktionen von Kindern und Jugendlichen auseinandersetzen. Für eine professionelle und bedarfsgerechte Betreuung von trauernden Schülern ist es somit unerlässlich, entwicklungspsychologische Grundkenntnisse über kindliche Todesvorstellungen[194] sowie über mögliche Reaktionen und Verhaltensweisen von Kindern und Jugendlichen nach einem Todesfall zu besitzen. Nur so kann ein Schulseelsorger die Verhaltensformen, Fragen und Ängste seiner Schüler entsprechend exakt analysieren, verstehen und richtig deuten, um sie dann mit situationsangemessenen Angeboten in ihrer Trauerverarbeitung zu begleiten.

---

[192] Witt-Loers, Stephanie: Sterben, Tod und Trauer in der Schule, Göttingen, 2009, 19.

[193] Vgl. Ilze, Ulrike, Martina Plieth: Tod und Leben. Mit Kindern in der Grundschule Hoffnung gestalten, Donauwörth, 2002, 116.

[194] Vgl. Arens, Veronika: Grenzsituationen. Mit Kindern über Sterben und Tod sprechen. In: Kollmann, Roland (Hrsg.): Religionspädagogische Perspektiven, Essen, 1994, 58.

3.1.1 Die Entwicklung kindlicher Todesvorstellungen

„Die Vorstellungen vom Tod beim Kind sind so unterschiedlich wie Kinder selbst: es gibt überaus fantasiereiche und plastisch-drastische, aber auch auffällig nüchterne und solche, die konturlos und blass wirken. "[195]

Jeder Mensch, und somit auch jedes Kind, erlebt den Tod anders. In der Entwicklungspsychologie wird die kognitive Dimension des kindlichen Todesverständnisses untersucht. Diese Untersuchungen führten unter anderem zu dem Ergebnis, dass es unterschiedliche Bedingungsfaktoren gibt, die weitgehend die Ausbildung und Entwicklung von kindlichen Todesvorstellungen beeinflussen. Zu diesen Bedingungsfaktoren zählen innere und äußere Einflüsse, direkte und indirekte Erfahrungen mit dem Tod, das Trauerverhalten von Erwachsenen, die Darstellung des Todes in den Medien sowie gesellschaftliche, kulturelle und religiöse Einflüsse.[196] Die Bandbreite dieser Einflussfaktoren verdeutlicht, dass die individuellen Todesvorstellungen von Kindern im selben Alter sehr stark variieren können.[197]

„Sterben, Tod und Trauer sind aus unserer Gesellschaft weitgehend verbannt. "[198]

Einen entscheidenden Einfluss auf die persönliche Ausbildung kindlicher Todesvorstellungen haben Vorerfahrungen mit dem Tod. Gesellschaftliche Veränderungen, wie beispielsweise die

---

[195] Ilze, Ulrike, Martina Plieth: Tod und Leben, Donauwörth, 2002, 8.

[196] Vgl. Witt-Loers, Stephanie: Sterben, Tod und Trauer in der Schule, Göttingen, 2009, 124f.

[197] Aus diesem Grund dienen die Altersangaben lediglich der Orientierung und zeigen, dass die Bedeutung der Begriff „Tod" und „Leben" nicht angeboren sind, sondern im Laufe der Entwicklung erworben und verändert werden.

[198] Rüttiger, Gabriele: 6.3 Vom Umgang mit Tod in verschiedenen Religionen und die Bestattung Verstorbener ohne Religionszugehörigkeit. In: Evangelisch-Lutherische Kirche in Bayern, Katholisches Schulkommissariat in Bayern (Hrsg.): „Wenn der Notfall eintritt" Ein Handbuch für den Umgang mit Tod und anderen Krisen in der Schule, Heilsbronn, 2008, 10.

Verlagerung des Sterbeortes vom eigenen Zuhause in Krankenhäuser oder Altenpflegeheime, der Rückgang sozialer Trauergebräuche sowie die räumliche und zeitliche Differenz zwischen Tod und Bestattung[199] haben langfristig dazu geführt, dass sich Sterben, Tod und Trauer zu gesellschaftlichen Tabuthemen entwickelt und damit ihren angestammten Platz im Zusammenleben einer Gemeinschaft weitgehend verloren haben. Unter anderem aus diesem Grund sind diese Themen für viele Kinder mittlerweile schwer erfahr- und begreifbar geworden.[200]

Der generelle Umgang mit Krankheit und Tod hat sich grundlegend verändert – Sterbebegleitung und der Weg des Verstorbenen bis zum Grab werden an Fachleute übertragen. Der Tod ist also institutionalisiert und somit aus dem persönlichen, familiären und gesellschaftlichen Leben verdrängt, zumindest aber bis an den äußersten Rand abgedrängt worden: In Deutschland und anderen westlichen Gesellschaften sterben seit Jahren schon immer weniger Menschen zu Hause im sozialen Netz ihrer Familie oder Gemeinde.[201] Der Rückgang traditioneller Trauergebräuche, wie beispielsweise die Aufbahrung des Leichnams und die Kondolation der Nachbarn, führte dazu, dass Trauer oft nicht mehr gemeinschaftlich erlebt wird, sondern individuell und weitgehend anonym bewältigt werden muss.

Somit haben Kinder nur noch wenig Gelegenheit, das Sterben und den Umgang mit Verstorbenen real zu erleben. Sie werden von fundamentalen menschlichen Grunderfahrungen, wie der Endlichkeit des Lebens, langfristig ausgeschlossen:[202] Wer dem Tod nicht mehr persönlich begegnet, kann nicht wirklich trauern, und wer nicht trauert, kann den Tod eines Menschen nicht verarbeiten.[203]

---

[199] Vgl. Lammer, Kerstin: Den Tod begreifen. Neue Wege in der Trauerbegleitung, Neukirchen-Vluyn, 2010, 39.

[200] Witt-Loers, Stephanie: Sterben, Tod und Trauer in der Schule, Göttingen, 2009, 13.

[201] Vgl. Arens, Veronika: Grenzsituationen, Essen, 1994, 25.

[202] Vgl. Rüttiger, Gabriele: 6.3 Vom Umgang mit Tod in verschiedenen Religionen und die Bestattung Verstorbener ohne Religionszugehörigkeit, Heilsbronn, 2008, 10.

[203] Vgl. Arens, Veronika: Grenzsituationen, Essen, 1994, 26.

Auf der einen Seite fehlen Kindern also persönliche, direkte Erfahrungen mit Tod und Sterben, auf der anderen Seite aber begegnen sie ihnen abstrakt in den Erzählungen der Erwachsenen – oder als Medienereignis.[204] Eben diese indirekten Erlebnisse des massenmedial vermittelten Todes spielen bei der Ausbildung kindlicher Todesvorstellungen eine entscheidende, lang anhaltende Rolle.[205] Das Thema Tod ist in den unterschiedlichen Medien nahezu allgegenwärtig. Hier begegnen die Kinder dem Tod bereits in sehr frühem Alter und vielfältiger Form, oft in verharmlost distanzierter und anonymisierter, abstrakter und verfremdeter sowie banalisierter Weise. In aller Regel bieten die Medien jedoch keine Gelegenheit, die durch solche Beiträge bei Kindern ausgelösten Emotionen aufzuarbeiten.[206] Durch die Künstlichkeit des Mediums, seine Allgegenwart und seine Darstellungsweise wird der Tod für Kinder irreal; er verliert seinen Schrecken und wird unterschätzt.[207]

Der Bilderstrom, die Verharmlosung tödlicher Gewalt sowie das Problem der Kinder, zwischen Fiktion und Realität zu unterscheiden, forcieren einen emotionsarmen Umgang mit diesem Thema, statt Sensibilisierung zu fördern.[208]

Säuglinge und Kleinkinder bis zum Alter von circa drei Jahren haben zwar schon Angst vorm Alleinsein, beispielsweise wenn ihre Mutter aus dem Raum geht. Todesvorstellungen jedoch haben sie noch nicht.[209] Bis zum vierten Lebensjahr haben die meisten Kinder reichlich diffuse und nur sehr begrenzte Vorstellungen vom Tod.[210] In ihrer Gefühlswelt verbinden sie den Tod mit Trennung

---

[204] Vgl. Franz, Margit: Tabuthema Trauerarbeit. Kinder begleiten bei Abschied, Verlust und Tod, München, 2009, 47.

[205] Vgl. Ilze, Ulrike, Martina Plieth: Tod und Leben, Donauwörth, 2002, 8.

[206] Vgl. Jennessen, Sven: Manchmal muss man an den Tod denken, Baltmannsweiler, 2007, 25.

[207] Vgl. Langer, Jürgen: Plötzliche Todesfälle und Schülersuizide, Göttingen, 2008, 204f.

[208] Vgl. Ilze, Ulrike, Martina Plieth: Tod und Leben, Donauwörth, 2002, 9.

[209] Vgl. Witt-Loers, Stephanie: Sterben, Tod und Trauer in der Schule, Göttingen, 2009, 125.

[210] Vgl. Ilze, Ulrike, Martina Plieth: Tod und Leben, Donauwörth, 2002, 18.

und Dunkelheit.[211] In der Regel können sie noch nicht zwischen einem lebenden und einem toten Körper unterscheiden.[212] Auch die Irreversibilität des Todes haben sie noch nicht erfasst. Für Kinder dieser Altersspanne ist der Tod etwas Vorübergehendes und Austauschbares: Sie glauben, dass ein Mensch durchaus ein bisschen tot sein kann, dass ein totes Lebewesen für einen begrenzten Zeitraum verreist ist oder vorübergehend schläft.[213] Dadurch, dass ein Lebewesen ihrer Vorstellung nach also wieder aufwacht, kann auf der Grundlage dieser kindlichen Vorstellungen der Tod wieder rückgängig gemacht werden. In ihrer kindlichen Vorstellungswelt leben tote Lebewesen in einer reduzierten Weise weiter, beispielsweise im Sarg unter der Erde.

Im Alter von etwa sechs Jahren empfinden Kinder den Tod als etwas Trauriges, Unheimliches und Rätselhaftes. Sie haben ein sachlich-nüchternes Interesse am Tod. Zwischen dem sechsten und siebten Lebensjahr, also im Schulalter, erfassen Kinder den realen Unterschied zwischen lebenden und toten Körpern.[214] Durch die Ausdifferenzierung ihres Zeit-Raum-Empfindens können sie die Endlichkeit des Todes jetzt grundsätzlich erfassen und sich somit innerhalb der schulischen Trauerverarbeitung der zweiten Traueraufgabe stellen: „Die Realität anerkennen und den Verlust akzeptieren". Vorrangig entwickeln sie Ängste, dass beispielsweise ihre Mutter oder ihr Vater sterben könnten. Besonders wenn jemand aus ihrer direkten Umgebung stirbt, kommen solche Ängste auf. Aus diesem Grund ist es von entscheidender Bedeutung, dass in der Trauerbegleitung in der Schule darauf geachtet wird, dass die Ängste der Schüler verbalisiert werden.

Grundschüler verbinden Sterben und Tod in aller Regel mit dem Merkmal „Alter". Aus diesem Grund ist ihr Weltbild erschüttert,

---

[211] Vgl. Franz, Margit: Tabuthema Trauerarbeit. Kinder begleiten bei Abschied, Verlust und Tod, München, 2009, 72.

[212] Vgl. Witt-Loers, Stephanie: Sterben, Tod und Trauer in der Schule, Göttingen, 2009, 16.

[213] Vgl. Franz, Margit: Tabuthema Trauerarbeit. Kinder begleiten bei Abschied, Verlust und Tod, München, 2009, 72.

[214] Vgl. Ilze, Ulrike, Martina Plieth: Tod und Leben, Donauwörth, 2002, 19.

wenn ein Mitschüler stirbt – also eben ein junger Mensch. Ausgelöst durch einen solchen Todesfall entwickeln sie abrupt das Bewusstsein, dass auch sie als junger Mensch jederzeit sterben könnten. Auch diese Ängste sind es, die in der Trauerbegleitung seitens
des Schulseelsorgers ebenso behutsam wie nachhaltig aufgegriffen
werden müssen.

Darüber hinaus erleben Kinder dieser Altersspanne den Tod eines Familienmitglieds oder eines Freundes häufig auch als Bestra-
fung für mögliches eigenes Fehlverhalten. Sie geben sich unbe-
wusst die Schuld am Tod von x und fragen sich beispielsweise, ob
x auch dann gestorben wäre, wenn sie persönlich lieb zu ihm gewesen wären. In der Trauerbegleitung muss unbedingt darauf geachtet
werden, dass solche Gefühle gezielt thematisiert und möglichst
schnell entkräftet werden.

Mit zunehmendem Alter nähern sich die kindlichen Vorstellungen vom Tod dann den Todesvorstellungen der Erwachsenen an
und werden immer realistischer.[215] Im Alter von etwa neun Jahren
sind Unausweichlichkeit, Endgültigkeit und Irreversibilität des Todes von ihnen erfasst. Dennoch haben Kinder dieser Altersgruppe
unterbewusst immer noch die Wunschvorstellung, dass ein totes
Lebewesen, zumindest in begrenzter Form, weiterhin wenigstens
ein bisschen am Leben teilhaben kann.[216]

3.1.2   Reaktionsweisen der Schüler auf den Tod eines Mitschülers

*„Wer trauert, ist nicht krank, sondern hat einen Verlust zu
beklagen, der von so großer Bedeutung ist, dass sich alle
Lebensenergie darauf richtet."*[217]

Trauer ist keine Frage des Alters oder des Geschlechts, der Bildung
oder Religion – jeder Mensch trauert. Trauer ist ein persönliches

---

[215] Vgl. Arens, Veronika: Grenzsituationen, Essen, 1994, 63.

[216] Vgl. Franz, Margit: Tabuthema Trauerarbeit. Kinder begleiten bei Abschied, Verlust
und Tod, München, 2009, 80.

[217] Städtler-Mach, Barbara: Kinderseelsorge. Seelsorge mit Kindern und ihre
pastoralpsychologische Bedeutung. In: Hauschild, Eberhard, Jürgen Ziemer (Hrsg.):
Arbeiten zur Pastoraltheologie, Göttingen, 2004, 169.

Lebensgefühl, das den ganzen Menschen umfasst.[218] Sie ist eine natürliche, seelisch notwendige und körperliche Reaktion eines Menschen auf einen erlebten Verlust. Trauerreaktionen deuten das Bemühen eines Menschen an, mit der Verlustempfindung fertig zu werden. Der Trauerprozess ist ein bedeutsamer, langer und aktiver psychischer Prozess, der sowohl bei Kindern und als auch bei Erwachsenen wichtige Verarbeitungs- und Bewältigungsmechanismen auslöst.[219]

Die Art zu trauern, mit traurigen Erlebnissen umzugehen, ist auch bei Kindern individuell und sehr persönlich. "[220]

Nicht allen Schülern sieht man ihre Trauer direkt an. Einige wirken nach außen hin ganz normal – wie es jedoch innerlich bei ihnen aussieht, lässt sich nur erahnen.[221] Grundschüler leben ihre Trauer so aus, wie sie es emotional können und verspüren. Je intensiver die Beziehung zu dem Verstorbenen war, desto stärker sind ihre Reaktionen.[222] Es gibt jedoch weder Trauerschemata, die vorhersagen, wie ein Schüler in seinem jeweiligen Entwicklungsstand auf ein Todesereignis reagiert,[223] noch stehen die Schwere einer Krise und die Stärke der Reaktionen in einer linearen Beziehung zueinander.

Zeitpunkt und Ausmaß der Reaktionen lassen sich nicht vorhersagen. Schüler im Grundschulalter zeigen ihre Emotionen unmittelbar und ungeschminkt. Sie wissen selbst nicht, was in ihnen vorgeht, können ihre Gedanken und Gefühle nicht lenken. Aus diesem Grund ist es wichtig, die Schüler über die Vielfalt möglicher

---

[218] Vgl. Franz, Margit: Tabuthema Trauerarbeit. Kinder begleiten bei Abschied, Verlust und Tod, München, 2009, 84.

[219] Vgl. Lammer, Kerstin: Den Tod begreifen, Neukirchen-Vluyn, 2010, 31.

[220] Brüllmann, Beat: Umgang der Kinder mit Trauer: eine entwicklungspsychologische Betrachtung. In: Fässler-Weibel, Peter (Hrsg.): Trauma und Tod in der Schule, Freiburg, 2005, 111.

[221] Vgl. Krüger, Christine: Trauerarbeit in der Schule, Schönberger Hefte 1/2006, 23.

[222] Vgl. Gyger-Stauber, Käthy: Kinder im Mittelstufenalter und ihr Umgang mit Verlust und Trauer. In: Fässler-Weibel, Peter (Hrsg.): Trauma und Tod in der Schule, Freiburg, 2005, 152.

[223] Vgl. Brüllmann, Beat: Umgang der Kinder mit Trauer, Freiburg, 2005, 111.

Trauerreaktionen zu informieren und ihnen damit zu erklären, dass es kein richtiges oder falsches Verhalten gibt, sondern dass Trauerprozesse sehr unterschiedlich verlaufen können – einige trauern „leise", andere „laut"; der eine möchte unbedingt allein sein, der andere wiederum sucht die Gemeinschaft. Es gibt Menschen, die versuchen, ihre Trauer einfach zu verdrängen, andere ziehen sich ganz in ihre Gefühlswelt zurück. Darüber hinaus gibt es bestimmte Verhaltensweisen, die im Verlauf eines Trauerprozesses in aller Regel sehr häufig auftreten. Im äußeren Verhalten der Schüler drücken sich ihre Gedanken und Gefühle im Rahmen der Trauer recht deutlich aus. Aus diesem Grund – und um auf mögliche Reaktionen seiner Schüler entsprechend vorbereitet zu sein – sollte der Schulseelsorger denkbare Reaktionen und Verhaltensweisen von Kindern auf den Tod eines Mitschülers vom Grundsatz her kennen.

Ein typisches Kennzeichen kindlicher Trauerprozesse ist der plötzliche Wechsel ihrer Gefühle. Sie durchleben ihre Trauer oftmals intensiver als Erwachsene[224] und trauern mehr durch Verhaltensweisen als durch Worte.[225] Die ersten Reaktionen auf eine Todesnachricht sind in der Regel physischer Art. Mögliche direkte körperliche Verhaltensweisen sind beispielsweise hysterisches Schreien oder Sprachlosigkeit, Weinen oder auch Lachen, Herzklopfen, Schweißausbrüche und Zittern, Ruhelosigkeit oder ein Gefühl der Lähmung und Benommenheit. Besonders zu Beginn des Trauerprozesses empfinden Kinder zur selben Zeit ganz unterschiedliche Gefühle – zum Beispiel Angst und Trauer oder Wut und Hilflosigkeit.

Im weiteren Verlauf des Trauerprozesses können Schüler auch über Bauch- und Kopfschmerzen klagen, Schlaf- und

---

[224] Vgl. Städtler-Mach, Barbara: Kinderseelsorge, Göttingen, 2004, 170.

[225] Vgl. Trampert, Harald: 6.5 Kinder und Jugendliche und die Frage nachdem Tod und Sterben aus entwicklungspsychologischer Sicht. In: Evangelisch-Lutherische Kirche in Bayern, Katholisches Schulkommissariat in Bayern (Hrsg.): „Wenn der Notfall eintritt" Ein Handbuch für den Umgang mit Tod und anderen Krisen in der Schule, Heilsbronn, 2008, 24.

Durchschlafstörungen entwickeln. Andere Schüler wiederum wirken teilnahmslos. Sie haben keinen Appetit, obgleich sie ein Gefühl der Leere im Magen empfinden.

Neben physischen Reaktionen treten auch unterschiedliche psychischen Reaktionen auf.[226] Trauernde sind nicht nur einfach traurig, sondern verspüren gleichzeitig verschiedene Gefühle.[227] Der Tod eines Freundes wird auf das eigenen Leben bezogen und als Bedrohung angesehen: „Auch ich kann jederzeit sterben!"[228] Häufig entwickeln junge Menschen dieses Alters dann diffuse existenzielle Ängste bezüglich des eigenen Todes beziehungsweise des Todes von Bezugspersonen.[229] Neben Angst und Furcht können Schuldgefühle, aber auch mit Wut und Zorn auftreten. Aggressive und provozierende Verhaltensformen gehören daher ebenfalls zu den „normalen" Trauerreaktionen von Kindern.[230]

„Wenn Kinder an den religiösen Erfahrungen anderer teilhaben und erleben, dass die Suche nach religiöser Sinndeutung im Leben von Menschen eine bedeutsame Rolle spielt, wird die Suche nach dem tieferen Sinn des Daseins auch in ihrem Leben einen Stellenwert bekommen. "[231]

Neben körperlichen und emotionalen Reaktionen kann der Tod eines Gleichaltrigen durchaus auch vielfältige Fragen aufbrechen lassen. Diese Fragen geben dem Schulseelsorger einen Einblick in

---

[226] Vgl. Keller, Ulrich: 6.4 Der Trauer einen Raum geben – Trauer und Trauerbegleitung. In: Evangelisch-Lutherische Kirche in Bayern, Katholisches Schulkommissariat in Bayern (Hrsg.): „Wenn der Notfall eintritt" Ein Handbuch für den Umgang mit Tod und anderen Krisen in der Schule, Heilsbronn, 2008, 17.

[227] Vgl. Franz, Margit: Tabuthema Trauerarbeit. Kinder begleiten bei Abschied, Verlust und Tod, München, 2009, 84.

[228] Vgl. Arens, Veronika: Grenzsituationen, Essen, 1994, 74.

[229] Vgl. Langer, Jürgen: Plötzliche Todesfälle und Schülersuizide, Göttingen, 2008, 205.

[230] Vgl. Witt-Loers, Stephanie: Sterben, Tod und Trauer in der Schule, Göttingen, 2009, 19.

[231] Franz, Margit: Tabuthema Trauerarbeit. Kinder begleiten bei Abschied, Verlust und Tod, München, 2009, 162.

die Denk- und Gefühlswelt seiner Schüler. In ihnen drücken die Schüler ihre Sorgen, Ängste und seelische Befindlichkeit aus.[232] Darüber hinaus können diese Fragen auch eine persönliche Auseinandersetzung mit dem Glauben der Schüler anstoßen und ihr bisheriges Gottesbild in Frage stellen:[233] Die erlebte Wirklichkeit stimmt möglicherweise nicht mehr mit dem eigenen Gottesbild und den damit verbundenen Erwartungen überein. Die Existenz Gottes, seine Liebe, Zuwendung und Gerechtigkeit werden von den Schülern hinterfragt. Damit sie sich aber als Konsequenz ihrer erlebten Wirklichkeit nicht von Gott abwenden, sondern erkennen, dass die Beziehung zu Gott durch den Tod eines Mitschülers auch reifen und sich dabei das Bild von Gott verändern kann,[234] müssen ihre Fragen und Zweifel in der Trauerarbeit gezielt aufgenommen werden. Der Schulseelsorger muss ihre Anklagen aushalten – und seine eigene Ratlosigkeit zugeben.[235]

3.2 Ein Konzept zur schulinternen Notfallseelsorge als Hilfsmittel im Umgang mit dem Tod eines Schülers

„Eine Eigenschaft von Krisen ist es, dass sie plötzlich kommen; eine zweite, dass alles unheimlich schnell geht."[236]

Tragische Ereignisse wie der plötzliche Tod eines Schülers können eine Schulgemeinschaft bis ins Mark treffen.[237] Innerhalb kurzer

---

[232] Vgl. Mack, Ulrich: Handbuch Kinderseelsorge, Göttingen, 2010, 140.

[233] Vgl. Witt-Loers, Stephanie: Sterben, Tod und Trauer in der Schule, Göttingen, 2009, 50.

[234] Vgl. Hauck, Barbara: 3. Kirche begleitet. Kirche begleitet Menschen in Krisen – Gott ist ein Gott, der mit uns geht. In: Evangelisch-Lutherische Kirche in Bayern, Katholisches Schulkommissariat in Bayern (Hrsg.): „Wenn der Notfall eintritt" Ein Handbuch für den Umgang mit Tod und anderen Krisen in der Schule, Heilsbronn, 2008, 2ff.

[235] Vgl. Barkowski, Thomas: 5.3 Unterstützen. In: Evangelisch-Lutherische Kirche in Bayern, Katholisches Schulkommissariat in Bayern (Hrsg.): „Wenn der Notfall eintritt" Ein Handbuch für den Umgang mit Tod und anderen Krisen in der Schule, Heilsbronn, 2008, 13.

[236] Huber, Menno: Das Krisenkonzept: ein Hilfsmittel für Notfälle. In: Fässler-Weibel, Peter (Hrsg.): Trauma und Tod in der Schule, Freiburg, 2005, 203.

Zeit scheint nichts mehr so zu sein, wie es vorher einmal war. Das sonst so hektisch-lebhafte Schulleben scheint stehen zu bleiben – das Schulklima verändert sich von einem Moment auf den anderen. Trotz starker emotionaler Betroffenheit wird von allen Verantwortlichen ein professionelles, situationsangemessenes und zeitnahes Handeln erwartet. Sie müssen kurzfristig viele Entscheidungen treffen. Praktische Erfahrungen haben gezeigt, dass ein konkretes, mit allen Beteiligten abgestimmtes Konzept zur schulinternen Notfallseelsorge den Betroffenen im Ernstfall als wesentliche Handlungsorientierung dient und damit eine wichtige Stütze im Trauerprozess ist. Um auf einen möglichen Todesfall eines Schülers vorbereitet zu sein, muss sich eine Schule bereits im Voraus mit solch einem Ereignis in schulischen und außerschulischen Bereichen thematisch auseinandersetzen und ein detailliertes Handlungskonzept aufbauen, um dann bei einem konkreten Fall zeitnah und effektiv handeln zu können.

Erster Schritt ist die Erarbeitung eines Konzepts zur schulinternen Notfallseelsorge. Dieses Konzept muss in den unterschiedlichen schulischen Gremien vorgestellt, diskutiert und dann implementiert werden. Es ist erforderlich, dass innerhalb der Schulgemeinschaft alle über die Organisation eines eventuellen Trauerprozesses ausreichend informiert sind. Für die inhaltliche Gestaltung des Trauerprozesses nach einem Todesfall ist es erforderlich, dass eine fachliche Auseinandersetzung und Fortbildung der Religionslehrer zum Thema „Tod und Trauer" erfolgt. Das Arbeitsbereich Religionspädagogik und Medienpädagogik (ARPM) Braunschweig und das Religionspädagogische Institut (rpi) Loccum bieten entsprechende Fortbildungen an, etwa „Geschichten mit Hand und Fuß. Wenn Abschied weh tut" im ARPM Braunschweig oder „Kinder und Jugendliche in Notfallsituationen. Eine Herausforderung für den Religionsunterricht an Haupt- und Realschulen"

---

[237] Vgl. Langer, Jürgen: Plötzliche Todesfälle und Schülersuizide. In: Koerrenz, Ralf, Michael Wermke (Hrsg.): Schulseelsorge, Göttingen, 2008, 204.

beziehungsweise der „Zertifikatskurs Weiterbildung Schulseelsorge" im rpi Loccum.

Im Anschluss daran muss das Thema „Leben und Tod" in die
schulinternen Arbeitspläne des Fachs Evangelische Religion aufgenommen und anschließend eine fächerübergreifende Behandlung
initiiert werden, beispielsweise mit dem Fach Deutsch. Außerdem
muss die Kontaktaufnahme mit den regionalen Notfallsystemen des
Kirchenkreises innerhalb der Hannoverschen Landeskirche einschließlich der schul- und sozialpädagogischen Dienste erfolgen.

Das vorliegende Konzept ist ein Leitfaden dafür, wie Notfallseelsorge in der Schule organisiert und inhaltlich gestaltet werden kann. Es besteht aus drei Bausteinen:[238]

1. Teil: Aktuelle Liste mit Telefonnummern von Ansprechpartnern in einer Notfallsituation
2. Teil: Grafische Darstellung der organisatorischen Handlungsschritte am ersten Tag einer Notfallsituation mit kurzer inhaltlicher Beschreibung
3. Teil: Der Trauer-Koffer – ein Wegbegleiter im Trauerprozess

Jeder Baustein des Konzepts zur schulinternen Notfallseelsorge
trägt einen wesentlichen Teil dazu bei, im Ernstfall pädagogisch
und seelsorglich möglichst handlungsfähig zu bleiben. Da zum
Notfallkonzept eine Liste mit zentralen Telefonnummern gehört,
kann rasch Kontakt zu außerschulischen Ansprechpartnern aufgenommen und Unterstützung angefordert werden. Zuständigkeiten
und Verantwortlichkeiten werden im Voraus klar definiert, exakt
festgelegt und in einer grafischen Darstellung veranschaulicht. Da
das Konzept zentrale Netzwerke grafisch veranschaulicht und
exemplarisch mögliche Handlungsschritte nach dem plötzlichen
Unfalltod eines Schülers aufzeigt, kann es für die Verantwortlichen
und Beteiligten zu einer wesentlichen Orientierungshilfe bei der
Gestaltung und Durchführung des ersten Trauer-Schultags werden.

---

[238] Siehe Anhang Seite 188f.

3.2.1 Beschreibung ausgewählter Bausteine des schulinternen Notfallseelsorgekonzepts

Erklärtes Grundziel eines solchen Konzepts ist die – möglichst unmittelbare – persönliche Auseinandersetzung sowie die individuelle Be- und Verarbeitung einer kurzfristig aufgetretenen Krisensituation innerhalb einer Schulgemeinschaft nach dem Tod eines Mitschülers. Es soll allen Beteiligten annehmbare Möglichkeiten aufzeigen, angemessen und zeitnah auf die Krise zu reagieren. Durch die vorbereitenden Maßnahmen kann im Ernstfall viel Zeit und Energie gespart werden, die in eine optimale Betreuung der Betroffenen investiert werden kann.

Anhand des folgenden Szenarios wird exemplarisch gezeigt, wie sich eine Schulgemeinschaft als Lern- und Lebensraum mit Hilfe eines schulinternen Notfallseelsorgekonzepts auf den Unfalltod eines Schülers vorbereiten kann, um im Ernstfall unmittelbar und effektiv handlungsfähig zu sein.

Als die Klassenlehrerin der Klasse 4b einer Grundschule in Hildesheim um 7.40 Uhr das Lehrerzimmer betritt, wird sie von einem Kollegen darüber informiert, dass sie sofort ins Büro des Schulleiters kommen soll. Dort erwarten sie bereits der Schulleiter sowie zwei Schüler ihrer vierten Klasse. Der Schulleiter teilt ihr mit, dass ihr Schüler Peter R. am vorigen Abend bei einem Fahrradunfall in der Hildesheimer Innenstadt tödlich verunglückt ist. Nähere Informationen, so der Schulleiter, liegen zu diesem Zeitpunkt noch nicht vor. Es ist aber davon auszugehen, dass auch andere Schüler bereits vom Tod ihres Mitschülers erfahren haben.

Die Beteiligten haben kaum Zeit, sich auf die erste Begegnung mit der betroffenen Klasse vorzubereiten; so bald wie möglich

muss aber jemand die verantwortungsvolle Aufgabe übernehmen, die Schüler über dieses tragische Ereignis zu informieren.
Was könnte und sollte innerhalb der Schule in solch einer Situation
unmittelbar getan werden?

Zu den ersten Aufgaben des schulinternen Notfallseelsorgekonzepts zählt die Übertragung von Verantwortlichkeiten auf mehrere
Personen: Was wird im Ernstfall von wem organisiert, wann wird
was getan? Außerdem muss umgehend die Organisation einer in-
terdisziplinär gestalteten Trauerarbeit eingeleitet werden.[239]

Bei einem Unfalltod, der sich außerhalb der Schulzeit ereignet
hat, erhält die Schulleitung in der Regel keine offizielle Benach-
richtigung durch die Polizei oder sonstige außerschulische Institutionen. In den meisten Fällen kommt die Information über den Tod
eines Schülers aus der Schulgemeinschaft selbst. Um negative
Auswirkungen, beispielsweise kursierende Halbwahrheiten, möglichst gering zu halten, müssen umgehend entsprechende Maßnahmen eingeleitet werden.[240] Da im Schulprogramm genau festgelegt
ist, dass in solch einer überraschenden Situation nach dem Notfallseelsorgekonzept mit der Hilfe des Trauer-Koffers verfahren
wird, sind die einzelnen Schritte vorher überlegt und festgelegt. Es
kann also sehr zeitnah reagiert werden, um etwaigen Gerüchten
vorzubeugen.

Derjenige, der die Todesnachricht zuerst erhält, informiert unverzüglich die Schulleitung und den Schulseelsorger. Da aufgrund
des Datenschutzes weder Polizei noch Krankenhäuser der Schulleitung nähere Informationen über den Todesfall geben dürfen, sollte
die Schulleitung zur Prüfung der Todesnachricht telefonischen
Kontakt mit der betroffenen Familie aufnehmen. Die Schulleitung

---

[239] Das Konzept wurde exemplarisch für den plötzlichen Tod eines Schülers entwickelt.
Es lässt sich jedoch auch auf den unerwarteten Todesfall eines aktiven oder
ehemaligen Lehrers, eines in der Schule Tätigen oder auf den Tod von Angehörigen
(beispielsweise Geschwistern, Eltern) übertragen.

[240] Vgl. Müller-Cyran, Andreas: 2. Notfall – Trauma – Krise. In: Evangelisch-Lutherische
Kirche in Bayern, Katholisches Schulkommissariat in Bayern (Hrsg.): „Wenn der
Notfall eintritt" Ein Handbuch für den Umgang mit Tod und anderen Krisen in der
Schule, Heilsbronn, 2008, 2.

informiert sich, bekundet dabei ihre Anteilnahme und bietet der Familie ihre Unterstützung an. Dann beruft sie sofort das schulinterne Krisenteam ein.

3.2.1.1 Das schulinterne Krisenteam

Das Krisenteam ist das zentrale Organisationsteam des Notfallseelsorgekonzepts. Es setzt sich aus einem festen Teilnehmerkreis zusammen: der Schulleitung (SL+KR), dem Schulseelsorger (SCHS), dem Sozialpädagogen (SOZPÄ), dem Beratungslehrer (BR), dem Konfliktkoordinator (KK) und der Fachleitung für Religion (FLRE). Hinzu kommen variable Mitglieder: der Klassenlehrer (KL) und die Religionslehrkraft der betroffenen Klasse (KLRL). Auch außerschulische Partner, zum Beispiel ein Notfallseelsorger der Kirchengemeinde, können dazu gehören. Der feste Kreis des Krisenteams wird bei der Erarbeitung des Notfallkonzepts präventiv zusammengestellt und sollte sich bereits vor dem ersten Notfall mit denkbaren Notfallszenarien sowie dem Konzept des Trauer-Koffers beschäftigen. Dieser Kreis hat auch dafür Sorge zu tragen, dass die Telefonliste aller Ansprechpartner für eine Notfallsituation in regelmäßigen Abständen – etwas halbjährlich – aktualisiert wird und muss zudem überprüfen, ob diese Liste in allen Räumen der Schule ausliegt, also für alle Mitglieder der Schulgemeinschaft zugänglich ist. Außerdem sollten Musterbriefe zur schnellen Information der Schulgemeinschaft vorbereitet sein.

Hat die Schulleitung die Notfallmeldung überprüft, muss sie für eine sofortige Vernetzung innerhalb des Krisenteams sorgen und feststellen, welcher Klassen- und Religionslehrer als variables Mitglied des Krisenteams ebenfalls unverzüglich benachrichtigt werden muss. Falls Mitglieder des Krisenteams zu diesem Zeitpunkt nicht in der Schule sind, versucht die Sekretärin, telefonisch mit ihnen Kontakt aufzunehmen und bittet sie, umgehend in die Schule zu kommen. Die Mitglieder des Krisenteams werden von der Schulleitung über die Todesnachricht informiert. Gemeinsam mit dem betroffenen Klassenlehrer werden Absprachen für den ersten Trauertag getroffen: Überbringen der Todesnachricht, Einbinden des Schulseelsorgers. Unter der Führung der Schulleitung erstellt das Krisenteam eine Bedarfsanalyse und legt fest, ob und welche außerschulischen Partner einbezogen werden sollen. Falls eine Vernetzung mit einem außerschulischen Partner verabredet wird, übernimmt ein Mitglied des Krisenteams die Kontaktaufnahme.

Schulseelsorger　　　→ Notfallseelsorger, Pastoren der Gemeinde,
　　　　　　　　　　　　Caritas, Diakonie
Sozialpädagoge　　　→ Sozialpsychiatrischer Dienst, Jugendschutz
Beratungslehrer　　　→ Schulpsychologe
Konfliktkoordinator → Schutzpolizei, Kriminalpolizei

Außerdem muss ermittelt werden, wer außerhalb der Klasse des verstorbenen Schülers von diesem Todesfall auch noch unmittelbar betroffen ist: Geschwister, Freunde aus der Parallelklasse? Das Krisenteam legt fest, wer die Betreuung dieser Personen übernimmt. Der Schulseelsorger hat für dieses erste Treffen bereits den Trauer-Koffer dabei. Alle Mitglieder des Teams erhalten noch einmal zur Erinnerung das Konzept „In der Trauer füreinander da sein". Am Ende des ersten Schultages setzt sich das Krisenteam erneut zusammen, reflektiert den bisherigen Ablauf und bespricht weitere Schritte – zum Beispiel die Frage, wer die Kontaktaufnahme mit dem Schulelternratsvorsitzenden und dem Klassenelternratsvorsitzenden der betroffenen Klasse übernimmt.

3.2.1.2　Die Schulleitung

Parallel zur Überprüfung der Todesnachricht und der ersten Kontaktaufnahme mit der betroffenen Familie sowie der Einberufung des Krisenteams hat die Schulleitung die Aufgabe, das gesamte Lehrerkollegium einschließlich des Schulpersonals (Hausmeister, Sekretärin und Schulassistent) umgehend über die Todesnachricht zu informieren. Dies kann nach dem ersten Treffen mit dem Krisenteam in der darauf folgenden Pause in Form einer kleinen Dienstbesprechung erfolgen. Falls das Krisenteam sich für eine Versammlung der Schulgemeinschaft zur Überbringung der Todesnachricht entschieden hat, legt die Schulleitung den Termin auf die nächste Unterrichtsstunde fest. Um sicherzustellen, dass auch

72

abwesende Kollegen informiert werden, füllt die Schulleitung ein vorbereitetes Informationsblatt aus dem Trauer-Koffer mit den zentralen Fakten aus und hängt es an das Info-Brett im Lehrerzimmer.

Gemeinsam mit dem betroffenen Klassenlehrer und dem Schulseelsorger überbringt die Schulleitung auf der Vollversammlung an einem speziell hierfür vorbereiteten Trauertisch die Todesnachricht. Nach Unterrichtsschluss treffen sich alle Kollegen im Lehrerzimmer; die Schulleitung informiert über den aktuellen Sachstand, erkundigt sich gemeinsam mit dem Schulseelsorger nach den Reaktionen der Schüler und den Gefühlen der Lehrer. Beide signalisieren ihre Bereitschaft zu Einzelgesprächen.

Eine weitere wichtige Aufgabe der Schulleitung: Am zweiten Schultag nach dem Todesfall sollte eine erneute Kontaktaufnahme mit der betroffenen Familie stattfinden. Sie kann gemeinsam mit dem Klassenlehrer und dem Schulseelsorger am Nachmittag durch einen Hausbesuch erfolgen. Die Familie wird über die geplante Trauerarbeit in der Schule informiert. Wichtig ist, sich dabei nach den persönlichen Wünschen der Familie zu erkundigen und diese bei der weiteren Gestaltung der schulischen Trauerarbeit zu respektieren.

3.2.1.3 Klassenlehrer, Religionslehrer und Schulseelsorger – ein schulinternes Team bei der Trauerarbeit

„Trauerarbeit steht in der Tradition von 'Getragen-wissen' und 'Getragen-werden'."[241]

Eine wichtige Voraussetzung für den Umgang mit Tod und Trauer sowie für eine erfolgreiche Bewältigung konkreter Trauer ist die kontinuierliche Präsenz[242] einer Bezugsperson, die den Trauernden als informierter und einfühlsamer Gesprächspartner zur Verfügung

---

[241] Dam, Harmjan, Andreas Mann: In der Schulseelsorge bei schulischen Notfällen und Krisensituationen handlungsfähig sein, Münster, 2009, 88.
[242] Siehe Abschnitt 2.4.3 Zusatzqualifikationen eines Schulseelsorgers.

steht,[243] ihnen ein Gefühl von Geborgenheit vermittelt und sie bei ihrem Verarbeitungsprozess ehrlich und verantwortungsvoll begleitet. Im System Schule kann diese Funktion vom Klassenrer, Schulseelsorger und Religionslehrer übernommen werden.

Die zentrale Aufgabe des Klassenlehrers ist die Betreuung und Begleitung seiner Klasse. Der Lehrer muss sich seine eigene emotionale Betroffenheit bewusst machen und sich ehrlich die Frage beantworten, ob er seinen Schülern in dieser Situation als belastbarer und verlässlicher Gesprächspartner wirklich allein zur Verfügung stehen kann oder ob es ratsam wäre, die Trauerarbeit in seiner Klasse gemeinsam mit dem Schulseelsorger oder dem Religionslehrer durchzuführen. In der Regel sind Religionslehrer und Schulseelsorger beim plötzlichen Tod eines Schülers diejenigen, die von Kollegen und Schülern als Ansprechpartner und Ratgeber zuerst aufgesucht werden. Durch das spezielle Lehrerprofil eines Schulseelsorgers eignet er sich besonders gut als kompetenter Wegbegleiter in schwierigen Zeiten. Da er häufig ein vertrauensvolles Verhältnis zu den Schülern aufgebaut hat, kann er auf dieser Basis dem Klassenlehrer beratend und unterstützend bei der Gestaltung und Durchführung der Trauerarbeit zur Seite stehen – ein wirklicher Trost- und Hoffnungsspender ist er aber nur dann, wenn sich im Voraus ein Vertrauensverhältnis zwischen ihm und den Mitgliedern der ganzen Schulgemeinschaft aufgebaut hat.[244] Ein solches Vertrauensverhältnis ist jedoch nur durch gegenseitige Kontakte aufzubauen. Wichtig ist es daher, dass der Schulseelsorger[245] neben

---

[243] Vgl. Langer, Jürgen: Plötzliche Todesfälle und Schülersuizide, Göttingen, 2008, 207.

[244] Siehe Abschnitt 2.4.4.2 Beziehungen aufbauen und gestalten – Beziehungskompetenz.

[245] Seelsorge zählt nicht zu den klassischen Aufgaben des Lehrerberufs. Neben Pastoren sind es oft Religionslehrer, die schulseelsorgliche Arbeit an einer Schule übernehmen. Einige Schulseelsorger sind durch eine kirchliche Beauftragung für dieses Amt eingesetzt worden. Andere – häufig Religionslehrkräfte – widmen sich dieser Aufgabe wegen ihrer Glaubensüberzeugung und ihres privaten Engagements. Im weiteren Verlauf dieser Arbeit unterscheidet der Begriff Schulseelsorger nicht weiter zwischen ihnen. Er wird für diejenige Person verwendet, die in der Schule die seelsorglichen Tätigkeiten ausübt. Er/Sie sollte über kommunikative, geistliche, liturgische und gewisse gruppenpädagogische Kompetenzen verfügen sowie Wahrnehmungsfähigkeit und ein reflektiertes Selbstverständnis besitzen.

seiner seelsorglichen Tätigkeit auch in den normalen Schulbetrieb integriert und ins Kerngeschäft der Schule, also in den allgemeinen Unterricht, eingebunden ist.[246]

Auch der Schulseelsorger und der Religionslehrer müssen ihre eigenen Grenzen erkennen. Fühlen sie sich in einer solchen Situation emotional überfordert, sollten sie keine Scheu haben, einen außerschulischen Mitarbeiter der Notfallseelsorge zur eigenen Unterstützung und zur Begleitung der Schüler anzufordern.[247]

Das Konzept des Trauer-Koffers schlägt eine Zusammenarbeit des Klassenlehrers, des Schulseelsorgers und des Religionslehrers bei der methodisch-didaktischen Gestaltung der Trauerarbeit vor. Dieses Dreierteam gewährleistet, dass sich die Schüler frei entscheiden können, welcher Vertrauensperson sie sich bei eventuellen Einzelgesprächen anvertrauen möchten. Solche Gesprächsgelegenheiten sollten den Schülern angeboten, aber nicht aufgedrängt werden.[248]

Da bei den einzelnen Traueraufgaben des Trauer-Koffers auch Unterrichtsgespräche vorgesehen sind, kann bei einer solchen Teambesetzung die Gesprächsführung jeweils an einen Teampartner abgegeben werden. So ist sichergestellt, dass der Klassenlehrer bei eigener starker emotionaler Betroffenheit entlastet wird. Möchten sich Schüler aus der Klassengemeinschaft für einige Zeit zurückziehen oder benötigen sie eine Einzelbetreuung, kann dies auch der Schulseelsorger übernehmen.

Da Klassenlehrer eine wichtige Bezugsperson für Schulkinder sind und Eltern oft den Kontakt zu Menschen suchen, mit denen ihr verstorbenes Kind viel zu tun hatte, kann es passieren, dass die betroffenen Eltern auch außerhalb der Schule persönlichen Kontakt zum Klassenlehrer aufnehmen möchten. Dem sollte er sich nicht

---

[246] Vgl. Dam, Harmjan: Welche Kompetenzen werden für Schulseelsorge gebraucht? Neukirchen-Vluyn, 2006, 46.

[247] Vgl. Drescher, Gerborg: Schulseelsorge als Notfallseelsorge – ein Praxisbeispiel. In: Dam, Harmjan, Matthias Spenn (Hrsg.): Evangelische Schulseelsorge. Hintergründe, Erfahrungen, Konzeptionen, Münster, 2007, 63.

[248] Siehe Abschnitt 2.4.4.3 Gesprächsanlässe anbieten und Gespräche führen – Kommunikationskompetenz.

entziehen, sondern angesichts der besonderen Situation offen für derartige Kontaktwünsche sein. Er sollte sich auch nicht scheuen, den Schulseelsorger zu solch einem Elterngespräch hinzuzuziehen.

3.2.1.4   Der Notfallseelsorger – ein außerschulischer Partner

„An einem Einsatzort haben wir vor allem eins, was alle Helfer nicht haben: Wir haben Zeit! Wir haben Zeit für die Menschen, die gerade etwas Schlimmes erlebt oder erfahren haben. Wir haben Zeit zum Reden und zum Schweigen, zum Weinen und zum In-den-Arm-nehmen."[249]

Da im Notfallkonzept festgeschrieben ist, wer der zuständige Notfallseelsorger der Kirchengemeinde für die Schule ist, sollte das Krisenteam möglichst schnell mit ihm Kontakt aufnehmen, wenn dies als unterstützende Maßnahme gewünscht wird. Hat die Schule keinen festen Ansprechpartner für die Notfallseelsorge, kann sie eine entsprechende Person über die Notrufnummer 112 anfordern. In jeder Stadt und in jedem Landkreis gibt es einen festen Stamm von Notfallseelsorgern. So gehören zum Beispiel im Landreis Peine zehn Pastoren und eine Ehrenamtliche zum Notfallseelsorger-Team. Sie sind für diese Aufgabe speziell ausgebildet und vom Kirchenkreis offiziell beauftragt. Über den „Notfall-Pieper" sind die Seelsorger mit der Leitstelle bei der Feuerwehr in Braunschweig verbunden. Über ein Handy bekommen sie im Ernstfall die Information, wo sie gebraucht werden und was passiert ist.

3.2.1.5   Die Vernetzung mit den Eltern der direkt betroffenen Klasse

In §96 des niedersächsischen Schulgesetzes ist das Mitwirkungsrecht der Erziehungsberechtigten innerhalb der Schule festgeschrieben. Geht eine Schule offensiv damit um und gelingt es ihr, Eltern für eine aktive Mitarbeit in den unterschiedlichen Gremien – zum Beispiel im Schulelternrat, in der Gesamtkonferenz und im

---

[249] Stenftenagel, Bettina: Wir haben am Einsatzort Zeit – zum Reden, zum Schweigen. Kathrin und Hartmut Seelenbinder aus Wipshausen verstärken das Team der Notfallseelsorger im Landkreis. In: Peiner Nachrichten, 21.10. 2010.

Schulvorstand – nachhaltig zu gewinnen, ist auch gesichert, dass ein Notfallseelsorgekonzept innerhalb des Schulprogramms von der Elternschaft gewollt und gestützt wird. Auch in der Fachkonferenz Religion haben Elternvertreter somit auf gesetzlicher Grundlage ein Mitspracherecht bei der Entwicklung schuleigener Arbeitspläne; sie können zum Beispiel ihre eigenen Ideen und Wünsche zum Thema „Tod und Sterben" einbringen. Schulen mit einem aktiven Schulleben und einer guten Atmosphäre beweisen, dass eine enge Kommunikation zwischen Schule und Elternhaus durchaus möglich ist – dass die Mitarbeit von Eltern, wenn sie ausdrücklich gewollt und entsprechend gewürdigt wird, gegenseitiges Vertrauen schafft und damit eine wichtige Voraussetzung bei der gemeinsamen Trauerarbeit ist.

Bei einem Todesfall spielt die Zusammenarbeit mit der Klassenelternschaft eine wesentliche Rolle. Sie muss über den Ablauf der Trauerarbeit in der Klasse detailliert informiert und weitgehend einbezogen werden. Auf einem speziellen Klassenelternabend, gemeinsam vom Klassenlehrer, dem Schulseelsorger und dem Elternratsvorsitzenden geführt, werden die Eltern über die Angebote des Trauer-Koffers und mögliche Reaktionsweisen ihrer Kinder informiert. Bei diesem Treffen können die Eltern ihre eigenen Fragen, Gedanken und Ängste sowie mögliche Unsicherheiten im Umgang mit ihrem eigenen Kind nach dem Todesfall äußern und in dieser Gemeinschaft offen über ihre bisherigen Erlebnisse sprechen. Die Wünsche der Eltern sollten in die weitere Trauerarbeit einbezogen werden. Außerdem muss jedes Elternpaar entscheiden, ob sein Kind an der Beerdigung teilnehmen soll.

4 Der Trauer-Koffer als Wegbegleiter im Trauerprozess – griffbereite unterrichtliche Angebote für die aktive Gestaltung des schulischen Trauerprozesses nach dem Tod eines Schülers

„Trauer kann man nicht verhindern, der Tod lässt sich nicht planen, aber den Umgang damit kann man gestalten."[1]

Der plötzliche Tod eines Schülers kann eine Schulgemeinschaft in Sprachlosigkeit versetzen und den normalen Schulalltag weitgehend lähmen.[2] Lehrer stehen solch einem tragischen Ereignis in der Regel gestenlos und unvorbereitet gegenüber.[3] Sie haben kaum Zeit, sich auf die Trauerbegleitung ihrer Schüler vorzubereiten, müssen aber unmittelbar nach Bekanntwerden der Todesnachricht als starker, kompetenter und belastbarer Gesprächspartner für ihre Schüler zur Verfügung stehen. Selten haben sie dabei die Unterstützung eines ausgebildeten Schulseelsorgers; auch eine entsprechende Logistik zur Gestaltung von Trauerarbeit ist im Regelfall nicht vorhanden.

Der Trauer-Koffer bietet eine solche Unterstützung, steht den betroffenen Lehrkräften sowie dem Schulseelsorger im Ernstfall als methodisch-didaktische Handlungsorientierung bei der Gestaltung und Durchführung der konkreten Trauerarbeit in einer Klasse zur Seite. Er enthält griffbereit konkrete unterrichtliche Angebote mit methodischen Vorschlägen, die dazugehörigen Medien und zentrales Informationsmaterial für die Lehrkräfte und den Schulseelsorger, sodass die betroffene Klasse rasch betreut und in ihrem weiteren Trauerprozess systematisch und professionell begleitet werden kann. Die Farbe des Trauer-Koffers einschließlich der Medien

---

[1] Windolph, Joachim: Vorwort. In: Witt-Loers, Stephanie (Hrsg.): Sterben, Tod und Trauer in der Schule, Göttingen, 2009, 7.

[2] Siehe Kapitel 3 Trauerbegleitung – eine besondere Arbeitsform evangelischer Schulseelsorge in Krisenzeiten.

[3] Vgl. Schwabach-Nehring: „Siehe, um Trost war mir sehr bange…" – Schulseelsorge nach „Erfurt". In: Fachbereich Kinder- und Jugendarbeit im Zentrum Bildung der EKHN (Hrsg.): Grenzgang zwischen Jugendarbeit, Schule und Seelsorge, Darmstadt, 2003, 86.

wurde so ausgewählt, dass durch ihre Symbolik gezielte Botschaften an das Unterbewusstsein all der Menschen gesendet werden, die damit in Berührung kommen.[4] Der Begriff „Symbol" leitet sich aus dem griechischen Nomen *„symbolon"* (das Zusammengefügte, Zeichen) ab. Nicht nur in unserem Alltag spielen Symbole eine wichtige Rolle, auch Kinder machen bereits früh von einer verbalen und nonverbalen Symbolwelt Gebrauch. In Erfahrungen mit Symbolen lernen die Schüler die Bedeutung religiöser Ausdrucksformen kennen.[5] Symbole sind auf Verständnis und Anerkennung angewiesen, sind Bedeutungsträger und haben einen Hinweis- und Vermittlungscharakter.

Aus der Psychologie ist bekannt, dass Symbole dabei helfen, ohne Worte einen Weg zur Verarbeitung von Problemen anzubahnen. Ebenso liefern sie schöpferische Impulse zur Trauerbewältigung. Symbole sind vielschichtig und haben eine offene Struktur. Dadurch ermöglichen sie dem Schulseelsorger, dem Klassenlehrer, den Schülern der betroffenen Klasse sowie der ganzen Schulgemeinschaft einen individuellen Zugang zu allen Problempunkten, die beim Thema „Tod und Trauer" rein sprachlich nur sehr schwer auszudrücken sind.

Der Trauer-Koffer besteht nicht aus schwarzem Material, obwohl Schwarz die Farbe der Trauer ist, sondern weist leuchtend blaue Farbfelder auf – ein Hinweis auf die Treue Gottes, der Menschen auch in ihrer Trauer nicht alleine lässt. Die blaue Farbe taucht daher immer wieder bei den Medien des Trauer-Koffers auf. Die anderen Symbole werden bei den einzelnen Traueraufgaben erläutert.

---

[4] Vgl. Reschke, Edda: Gemeinsam trauern. Ideen für Familie, Kindergarten und Grundschule, Kevelaer, 2010, 6.
[5] Vgl. Franz, Margit: Tabuthema Trauerarbeit. Kinder begleiten bei Abschied, Verlust und Tod, München, 2009, 175.

„Der Umgang mit der Situation und die dabei erfahrene Qualität der Beziehung sind maßgeblich dafür verantwortlich, wie Kinder diese traurige Erfahrung verarbeiten."[6]

Die unterrichtlichen Angebote des Trauer-Koffers orientieren sich an fünf Aufgaben:

1. Die Konfrontation mit dem Todesfall
2. Die Realität anerkennen und den Verlust akzeptieren
3. Zeiten der Erinnerung schaffen
4. Den Abschied gestalten
5. Dem Verstorbenen einen neuen, sichtbaren Platz geben

Die Traueraufgaben stoßen eine aktive Auseinandersetzung mit dem Tod des Mitschülers an. Sie begleiten eine Klassengemeinschaft von der Konfrontation mit dem Todesfall über die Trauerbegegnung bis zur seelischen Trauerverarbeitung. Die Schüler lernen auf einem handlungsorientierten Weg die Verlust- und Trauerverarbeitung kennen[7] und entwickeln dabei individuelle Ausdrucksformen im Umgang mit Sterben, Tod und Trauer.[8] Das Ziel der Traueraufgaben ist es auch, dem verstorbenen Schüler einen neuen Platz in der Schul- und Klassengemeinschaft zu geben.

Die schulseelsorglichen Angebote der fünf Traueraufgaben sind so konzipiert, dass sie den einzelnen Schüler in seiner jeweiligen Trauerphase ansprechen und ihn dazu ermutigen, seiner persönlichen Trauer entsprechend Raum zu geben und zugleich die Kraft einer Trauergemeinschaft zu spüren. Er erlebt, dass von einer Trauergemeinschaft auch Orientierung, Unterstützung und Stabilität, Halt, Sicherheit und Zuversicht ausgehen können.[9]

---

[6] Franz, Margit: Tabuthema Trauerarbeit. Kinder begleiten bei Abschied, Verlust und Tod, München, 2009, 167.

[7] Vgl. Brüllmann, Beat: Umgang der Kinder mit Trauer, Freiburg, 2005, 112 sowie Arens, Veronika: Grenzsituationen, Essen, 1994, 48.

[8] Vgl. Witt-Loers, Stephanie: Sterben, Tod und Trauer in der Schule, Göttingen, 2009, 15.

[9] Vgl. Franz, Margit: Tabuthema Trauerarbeit. Kinder begleiten bei Abschied, Verlust und Tod, München, 2009, 134.

Im unterrichtlichen Kontext bildet der Klassenverband die Trauergemeinschaft. Die Schüler erleben ihn als geschützten Raum, in dem Weinen und Lachen nebeneinander Platz haben,[10] in dem sie tiefgreifende Erfahrungen miteinander sammeln und miteinander teilen. Sie spüren in diesem Klassenverband, dass sie mit ihrem Trauerschmerz, ihren Fragen, unterschiedlichen Gefühlen und Ängsten nicht allein sind. Dies zu vermitteln und griff- beziehungsweise sichtbare Hilfestellungen zu leisten – darauf ist der Trauer-Koffer mit seinen Angeboten und medialen Instrumenten ausgerichtet.

Die schulseelsorglichen Angebote des Trauer-Koffers richten sich insbesondere an Schüler des dritten, vierten und fünften Schuljahres. Sie sprechen die Schüler in den Bereichen Kognition, Emotion, Motivation und Kreativität an und eröffnen somit handlungsorientierte Wege, die den Schülern dabei helfen, ihre innerlichen Spannungen abzubauen, ihren Emotionen nachzuspüren und sie in Worten einschließlich Gesten auszudrücken.[11] Die Aufgabe des Schulseelsorgers ist es, die Schüler mit Hilfe der Angebote des Trauer-Koffers durch ihre diversen Trauerphasen zu begleiten und ihre Arbeit zu wertschätzen, sodass sich alle getragen und sicher fühlen.

Der Glaube an den christlichen Gott, an seine Liebe und Zuwendung, strahlt in Krisenzeiten Zuversicht aus[12] und fördert das Vertrauen, sich auch in der Krise getragen und geschützt zu wissen. Dieses Grundvertrauen spendet Mut, den Verlust anzunehmen, und verleiht Kraft für den oft schwierigen Weg der Trauerverarbeitung. Die schulseelsorgliche Zuwendung des Trauer-Koffers nach einem Todesfall soll bei den Trauernden neues Vertrauen in Gott wecken, sie an der christlichen Hoffnung, die über den Tod hinausgeht,

---

[10] Vgl. Frei, Doris: Ein Lehrer stirbt auf der Abschlussreise. In: Fässler-Weibel, Peter (Hrsg.): Trauma und Tod in der Schule, Freiburg, 2005, 35.

[11] Barkowski, Thomas: 5.3 Unterstützen, Heilsbronn, 2008, 14.

[12] Vgl. Mack, Ulrich: Handbuch Kinderseelsorge, Göttingen, 2010, 12.

teilhaben lassen,[13] um so bei ihnen neue Lebensmotivationen zu wecken.[14] Rituale sind Lebensbegleiter, die Schülern dabei helfen, den Schulalltag zu strukturieren und einen sicheren Rahmen für Ordnung und Zuverlässigkeit zu schaffen.[15] Es ist davon auszugehen, dass Schüler einer Grundschulklasse an einfache und klar strukturierte Rituale gewöhnt sind, wie zum Beispiel an den „Morgenkreis" zu Beginn eines Schultages, an den „Abschiedskreis" am Ende der Schulwoche und an den „Gesprächskreis" unter Einbeziehung eines Sprechsteins. Solche Rituale können in emotional belasteten sowie unruhigen Zeiten eine stützende und ordnende Funktion übernehmen und durch ihre bereits vertrauten Strukturen ein Gefühl von Sicherheit und Stabilität vermitteln.[16] Rituale sind Ausdrucksmöglichkeiten von Trauer und Abschied;[17] ihre praktische Umsetzung ermöglicht es, Gefühle wie Angst, Unsicherheit, Verwirrung, Hilflosigkeit oder Wut besser in den Griff zu bekommen.[18] Rituale bieten einen Rahmen zur Gestaltung des Trauerprozesses, spenden Raum für das Erleben von Emotionen und geben Lehrkräften somit Handlungssicherheit.[19] In unserem gesellschaftlichen Zusammenleben wird Trauer selten offen gezeigt und nicht

---

[13] Im christlichen Glauben wird die Frage nach dem Tod immer im Zusammenhang mit der christlichen Hoffnung auf ein Leben nach dem Tod betrachtet. Durch Jesu Tod und Auferstehung hat sich Gott als ein Gott offenbart, der die Menschen annimmt und ihnen auch im Tod und über den Tod hinaus seine Treue hält. Die Beziehung eines Menschen zu Gott wird durch den Tod nicht abgebrochen.

[14] Vgl. Städtler-Mach, Barbara: Kinderseelsorge, Göttingen, 2004, 14.
Aus diesem Grund kommt dem Schulseelsorger eine zentrale Rolle beim präventiven und konkreten Umgang mit dem Thema „Tod und Sterben" zu. Es ist wichtig, dass die Auseinandersetzung und Beschäftigung mit diesem Thema bereits in der Grundschule beginnt und nicht erst nach einem Todesfall.

[15] Vgl. Reschke, Edda: Gemeinsam trauern. Ideen für Familie, Kindergarten und Grundschule, Kevelaer, 2010, 34.

[16] Vgl. Gyger-Stauber, Käthy: Rituale als Hilfe und Unterstützung in der Verarbeitung. In: Fässler-Weibel, Peter (Hrsg.): Trauma und Tod in der Schule, Freiburg, 2005, 173.

[17] Vgl. Jennessen, Sven: Manchmal muss man an den Tod denken, Baltmannsweiler, 2007, 72.

[18] Franz, Margit: Tabuthema Trauerarbeit. Kinder begleiten bei Abschied, Verlust und Tod, München, 2009, 135.

[19] Vgl. Jennessen, Sven: Manchmal muss man an den Tod denken, Baltmannsweiler, 2007, 78.

mehr sichtbar gelebt. Abschiedsrituale, symbolische Handlungen, das Ausdrücken von Gefühlen und Gedanken der Trauernden geraten in Vergessenheit. Kinder hingegen kennen keine gesellschaftlichen Konventionen und ungeschriebenen Regeln, wie „man" trauert.

In der Trauerarbeit ist es wichtig, auf vertraute Rituale zurückgreifen zu können. Sie vermitteln den Schülern, dem Schulseelsorger und auch dem Klassenlehrer in einer Krisensituation persönliche Sicherheit und reduzieren die Ängste. Der Ohnmacht und Hilflosigkeit können sie Handlungsfähigkeit entgegensetzen. Die Schüler können in ihrem Trauerprozess aber auch neue Rituale entwickeln und pflegen beziehungsweise alte Rituale verändern. Das wirkt sich positiv auf die Trauerbewältigung aus und verhilft zu mehr Selbstständigkeit.[20]

„Zuviel Trauerarbeit mit den Betroffenen ist genauso wenig sinnvoll wie zu wenig."[21]

Der gemeinsame Weg der Trauer sollte so lang wie nötig, aber so kurz wie möglich sein. In der Regel können die Schüler am besten selbst einschätzen, wie oft, wie lange und wie intensiv sie sich mit dem Tod ihres Mitschülers auseinandersetzen möchten. Aus diesem Grund sollte vom Schulseelsorger mit Hilfe des Trauer-Koffers ein Rahmen geschaffen werden, in dem die Trauer gemeinsam ausgehalten wird – sich der Einzelne aber auch zurückziehen kann. Um sich von den physischen und psychischen Anstrengungen eines Trauerprozesses zu erholen, brauchen Schüler auch trauerfreie Zonen, in denen sie ihrem Bedürfnis nach Alltäglichkeit nachkommen können.[22]

---

[20] Vgl. Reschke, Edda: Gemeinsam trauern. Ideen für Familie, Kindergarten und Grundschule, Kevelaer, 2010, 35.

[21] Dam, Harmjan, Andreas Mann: In der Schulseelsorge bei schulischen Notfällen und Krisensituationen handlungsfähig sein, Münster, 2009, 88.

[22] Vgl. Witt-Loers, Stephanie: Sterben, Tod und Trauer in der Schule, Göttingen, 2009, 26.

Am ersten Trauertag wird der gewöhnliche Stundenplan aufgelöst. Die Schüler widmen sich zusammen mit dem Klassenlehrer und dem Schulseelsorger gemeinsam der Trauerarbeit. Pausen mit Bewegung an der frischen Luft sowie ein gemeinsames Frühstück sorgen für trauerfreie Zonen. An den folgenden Tagen sind für die unterrichtliche Trauerarbeit mit dem Trauer-Koffer jeweils drei Unterrichtsstunden zu Beginn des Tages sowie 15 Minuten am Ende des Schultages vorgesehen. In den anderen Stunden findet der reguläre Fachunterricht statt.[23]

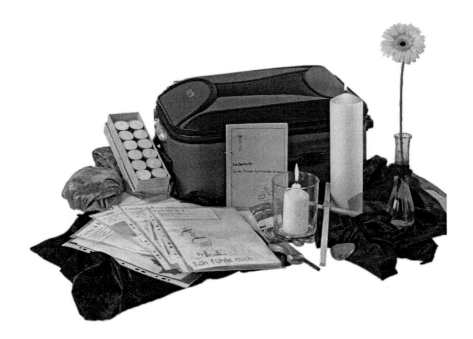

---

[23] Siehe Anhang Tabellarische Übersicht der aktiven unterrichtlichen Gestaltung des Trauerprozesses: „In der Trauer füreinander da sein"

4.1 Didaktisch-methodische Hinweise zu den einzelnen Traueraufgaben

4.1.1 Die Gestaltung des ersten Tages – die Konfrontation mit dem Todesfall, Anerkennung der Realität und Akzeptanz des Verlustes

4.1.1.1 Du bist tot – Wir erfahren die Todesnachricht

„Wenn ein Lehrer oder Schüler bei einem Unfall ums Leben gekommen ist, hängt viel davon ab, wie wir den Schülern nach dem Ereignis begegnen beziehungsweise wie wir sie informieren."[24]

Die Trauerbegleitung der Schüler beginnt mit dem Überbringen der Todesnachricht. Die Art und Weise, wie eine Schulgemeinschaft über den Tod eines Mitglieds informiert wird, hat entscheidenden Einfluss darauf, ob die Schüler die Situation verstehen und wie schnell sie die Realität des Todes akzeptieren.[25] Um Gerüchten vorzubeugen, muss die Information über den Todesfall so schnell wie möglich erfolgen.

Je nach Schulform, Größe der Schule und örtlichen Gegebenheiten kann entweder jede Klasse separat durch ihren Klassenlehrer im Klassenraum oder die Schulgemeinschaft insgesamt, beispielsweise in der Aula, durch den Schulleiter in Begleitung des betroffenen Klassenlehrers und des Schulseelsorgers informiert werden.[26] Werden alle Schüler gemeinsam informiert, entlastet dies die einzelnen Lehrkräfte emotional. Erhalten alle Schüler die Todesnachricht zur gleichen Zeit und mit den gleichen Worten, ist zudem

---

[24] Witt-Loers, Stephanie: Sterben, Tod und Trauer in der Schule, Göttingen, 2009, 36.

[25] Vgl. Franz, Margit: Tabuthema Trauerarbeit. Kinder begleiten bei Abschied, Verlust und Tod, München, 2009, 129f.

[26] Siehe Abschnitt 3.2.1.2 Die Schulleitung. Da der Todesfall eines Schülers die ganze Schulgemeinschaft betrifft, sollte sie – wenn möglich – auch als Gemeinschaft informiert werden. Insbesondere wenn die Schule mit Blick auf die Schülerzahl eine überschaubare Größe hat und sich die Schulgemeinschaft auch zu anderen Anlässen, wie beispielsweise zum Geburtstagssingen, zu Andachten oder anderen Anlässen in der Pausenhalle oder der Aula trifft, bietet es sich an, alle Schüler gemeinsam zu informieren.

gewährleistet, dass alle auf dem gleichen Informationsstand sind und eventuelle Spekulationen von Anfang an ausgeschlossen werden.

Falls einzelne Schüler sehr emotional auf die Nachricht reagieren, ist davon auszugehen, dass in einer Vollversammlung ausreichend Lehrer sind, die sich um sie kümmern können. Damit die Konfrontation mit der Todesnachricht in einer ernsthaften und ruhigen Atmosphäre stattfinden kann, ist es notwendig, dass die Schulgemeinschaft beim Versammeln in einem „Großraum" auf bestehende Rituale beim Betreten und Verlassen des Raumes zurückgreifen kann. Der Raum muss vorher durch den Schulseelsorger oder die Schulleitung vorbereitet werden: An einer Stelle, die für alle gut sichtbar ist, sollte ein Trauertisch stehen oder ein Trauerplatz eingerichtet werden – geschmückt mit einem blauen Tuch und einer großen weißen Stumpfkerze, die auf einem Untersetzer steht und angezündet sein muss. Daneben sollte eine Vase mit einer Sonnenblume stehen. Blütenblätter von anderen Blumen könnten über das blaue Tuch gestreut werden. Die Sonnenblume des Trauertisches ist für die Trauerarbeit gezielt ausgewählt. Sie soll die Schüler der direkt betroffenen Klasse während ihres Trauerprozesses und in der Zeit danach begleiten. Am Beispiel dieser Sonnenblume erleben die Schüler symbolisch den natürlichen Kreislauf des Lebens: Die Sonnenblume blüht, in dieser Phase strahlt sie *Wärme* und *Freude* aus. Die Blüte verwelkt, lässt ihre Blütenblätter fallen und stirbt ab. Diese Phase steht für *Trauer*. Die Samen der Blüte bleiben jedoch zurück, sie geben *Hoffnung auf neues Leben*. Sie können wieder eingepflanzt werden, sodass eine neue Pflanze entsteht, die wächst und zur Blüte kommen wird. Der Kreislauf hat sich geschlossen, die *neue* Blüte strahlt *Freude* aus.[27]

Zur Einstimmung der Schulversammlung ist leise Hintergrundmusik zu hören. Wenn die Schüler den Raum betreten, die leise Hintergrundmusik hören und den feierlichen Trauertisch sehen,

---

[27] Siehe Abschnitt 4.2.1.4 Dein Platz ist leer – Wir stellen die Erinnerungskerze und die Sonnenblume auf deinen Sitzplatz.

werden viele von ihnen die besondere Raum-Atmosphäre spüren und fühlen, dass diese Versammlung einen besonderen Grund hat. Durch das Kerzenlicht wird die Dunkelheit überwunden.[28] So steht Licht für Helligkeit, Wärme, Geborgenheit und Sicherheit, für Leben und Orientierung. Seine positive Wirkung kann Menschen in dunklen und traurigen Zeiten Trost, Kraft und Hoffnung spenden. Die verschiedenen Deutungsmöglichkeiten zeigen die Offenheit des Symbols Licht an. Durch diese Offenheit können unterschiedliche Erfahrungen und Gefühle mit Licht verbunden werden.

Haben sich alle versammelt, stellt sich der Schulleiter mit dem betroffenen Klassenlehrer und dem Schulseelsorger an den Trauertisch. Die Hintergrundmusik wird ausgestellt. Dies sind eindeutige Signale dafür, dass Stille einkehren soll. Reichen sie nicht aus, könnte der Schulleiter das ritualisierte Ruhesignal erteilen. Dann überbringt er die Todesnachricht. Um Missverständnisse zu vermeiden, darf die Todesursache nicht verschleiert, sondern muss in kurzen Sätzen und deutlichen Worten offen formuliert werden – etwa mit den Worten: „Ich muss euch eine sehr traurige Nachricht mitteilen. Gestern Nachmittag ist x mit seinem Fahrrad tödlich verunglückt." Daran kann sich eine sachliche Darstellung des traurigen Ereignisses anschließen, in der all das angesprochen werden sollte, was die Schüler benötigen, um die Nachricht zu begreifen.[29] Den Schülern sollte nun Zeit gelassen werden, die Todesnachricht aufzunehmen und die Worte des Schulleiters auf sich wirken zu lassen. Einige Minuten später kann gemeinsam ein bekanntes Lied gesungen und mit dem Schulseelsorger ein Gebet gesprochen werden.[30] Dies gibt der Versammlung einen feierlichen Rahmen und stärkt das Zusammengehörigkeitsgefühl. Anschließend gehen die

---

[28] Vgl. Müller, Marlene: Die Dunkelheit überwinden durch das Licht. Ökumenischer Gedenkgottesdienst für eine/n verstorbene/m Lehrer/in. In: Demmelhuber, Helmut, Achim Wicker (Hrsg.): lebendig, leicht und leise. Spirituelle Impulse und Bausteine für die Schule, Ostfildern, 2006, 97.

[29] Vgl. Witt-Loers, Stephanie: Sterben, Tod und Trauer in der Schule, Göttingen, 2009, 37.

[30] Im Trauer-Koffer befindet sich ein Liederheft mit religiösen Liedern, die bei solch einem Ereignis gesungen werden können.

Schüler, begleitet von ihrem Klassenlehrer, in die Klassenräume zurück. Die betroffene Klasse nimmt das blaue Tuch, die ausgepustete weiße Stumpfkerze und die Blumenvase des Trauertischs mit in ihren Klassenraum. Der Klassenlehrer des verstorbenen Schülers hat sich vorweg auf der Sitzung des Krisenteams entschieden, ob er mit den Schülern allein in der Klasse sein möchte oder sich vom Schulseelsorger begleiten lässt.[31] Für die direkt betroffene Klasse beginnt in ihrem Klassenraum die weitere gemeinsame Trauerarbeit.[32]

Material des Trauer-Koffers
> ➤ CD mit Hintergrundmusik
> ➤ Blaues Tuch
> ➤ Große weiße Stumpfkerze mit Untersetzer
> ➤ Stab-Feuerzeug
> ➤ Vase
> ➤ Nicht im Koffer: CD-Player, Sonnenblume, Blütenblätter

4.1.1.2 Dein Tod macht mich sprachlos – Wir sprechen unsere Gefühle aus

Bereits in ihren ersten Lebensjahren können Kinder persönliche Erfahrungen mit dem Abschiednehmen sammeln. Dies sind in der Regel jedoch zeitlich begrenzte, vorübergehende Abschiede – beispielsweise, wenn ein Elternteil eine Dienstreise antritt. Der plötzliche Tod eines Mitschülers hingegen ist ein endgültiger Abschied. Seine Wirklichkeit ist für alle Beteiligten in diesem Alter nur

---

[31] Siehe Abschnitt 3.2.1.3 Klassenlehrer, Religionslehrer und Schulseelsorger – ein schulinternes Team bei der Trauerarbeit mit der direkt betroffenen Klasse. Im Idealfall sollte eine trauernde Klassengemeinschaft von einem Team begleitet und betreut werden. Ist der Klassenlehrer gleichzeitig der Schulseelsorger einer Schule, kann er die Unterstützung eines Notfallseelsorgers anfordern oder sich von einem Kollegen begleiten lassen. Arbeitet an der Schule kein Schulseelsorger, kann seine Tätigkeit je nach Grad der Betroffenheit und Ausbildung der Religionslehrkräfte von einem Religionslehrer oder einem externen Notfallseelsorger übernommen werden. Wird im weiteren Verlauf der Arbeit der Begriff Schulseelsorger verwendet, bezeichnet dieser das schulinterne Team der Trauerarbeit mit der direkt betroffenen Klasse.

[32] Auch in nicht direkt betroffenen Klassen sollten die Schüler die Gelegenheit erhalten, in einem Unterrichtsgespräch über ihre Gefühle und Fragen zu sprechen.

langsam zu begreifen. Zu akzeptieren, dass man nie wieder neben seinem verstorbenen Mitschüler sitzen, mit ihm sprechen, spielen oder streiten wird, ist nur schwer zu verstehen. Erst wenn diese Irreversibilität des Todes stückweise begriffen, wahr- und angenommen worden ist, kann eine nachhaltige Trauerarbeit beginnen.[33]

Aus diesem Grund soll in der zweiten Traueraufgabe die Realität des Todes anerkannt und der Verlust akzeptiert werden. In den unterschiedlichen Angeboten der zweiten Traueraufgabe setzen sich die Schüler mit ihrer Fassungslosigkeit und Verzweiflung auseinander; sie erkennen schrittweise die Wirklichkeit des Todes an. Es ist wichtig, ihnen dabei nur so viel zuzumuten, wie sie in dieser Trauerphase emotional verarbeiten können. Um dies realistisch einzuschätzen, muss der Schulseelsorger die Körpersprache, Reaktionen und Äußerungen der einzelnen Schüler wahrnehmen und richtig deuten.[34]

Ein erster Schritt auf diesem Weg ist es, die durch die Todesnachricht ausgelösten Gefühle anzusprechen und zu durchleben. Der Ausdruck von Verzweiflung, Wut und Angst, aber auch von Hoffnungen und Wünschen führt zu einer emotionalen Erleichterung und hilft, unterschiedliche Gefühle zu ordnen. Die Schüler erleben die heilsame und wichtige Grunderfahrung, dass in der Trauer alle Gefühle zu- und herausgelassen werden dürfen.[35] Die Klassengemeinschaft ist ein geschützter Bereich, in dem es möglich ist, diese Trauer offen zuzulassen, sich dem Trauerschmerz zu stellen.

Der erste Vormittag bietet den Schülern Raum und Zeit, über den Tod des Mitschülers zu sprechen, Erinnerungen an ihn aufleben zu lassen und Gefühle auszudrücken. In einem ersten gelenkten Unterrichtsgespräch wird die Traurigkeit angesprochen und zusammen ausgehalten. Die Schüler verstecken sich nicht vor ihrem Trauerschmerz, sondern werden durch das Unterrichtsgespräch

---

[33] Vgl. Arens, Veronika: Grenzsituationen, Essen, 1994, 99.
[34] Siehe Abschnitt 2.4.4.1 Situationen wahrnehmen und deuten – Wahrnehmungskompetenz.
[35] Witt-Loers, Stephanie: Sterben, Tod und Trauer in der Schule, Göttingen, 2009, 19.

ermutigt, ihren eigenen Emotionen persönlich zu begegnen, um dann in weiteren schulseelsorglichen Angeboten des Trauer-Koffers durch aktives Handeln aus ihrer Lähmung heraus zu kommen.

Ein Stuhl-Sitzkreis – um eine vorher gestaltete Mitte – bietet einen geeigneten Rahmen für das erste Unterrichtsgespräch. Ein derartiger Sitzkreis schafft eine vertrauensvolle Gesprächsatmosphäre, in der sich alle Schüler gegenseitig ansehen können und einen guten Blick auf die gestaltete Mitte haben. Der Schulseelsorger hat mit den Gegenständen des Trauertisches aus der Schülerversammlung ein Bodenbild gestaltet: Das blaue Tuch, die große weiße Stumpfkerze und die Blumenvase sind für die Schüler wieder präsent. Dazu legt der Schulseelsorger noch ein Stab-Feuerzeug, einen Sprechstein in Herzform und Papiertaschentücher aus.

Die Schüler versammeln sich um diese gestaltete Mitte und kommen zur Ruhe. Wenn nötig, erteilt der Schulseelsorger das ritualisierte Ruhesignal. Anschließend sollte er sich kurz die erforderliche Zeit nehmen, um sich die ersten Worte zurecht zu legen und durch tiefe Atemzüge in sich selbst hinein zu hören.[36] Dann zündet er die Stumpfkerze an, nimmt als Erster den Sprechstein aus der Mitte und sagt, dass heute ein besonderer Schultag ist, an dem es keine falschen oder richtigen Äußerungen gibt; an dem alle einander zuhören und besonders aufeinander achten müssen. Er gibt den Hinweis, dass jeder etwas sagen darf – aber nicht muss. Wer weinen möchte, darf weinen und kann sich ein Taschentuch aus der Mitte nehmen. *„Vielleicht habt ihr Gefühle, die ihr kennt, vielleicht aber auch welche, die ihr jetzt erst kennen lernt."*[37] Der Schulseelsorger spricht als Erster seine Gefühle und seine Trauer aus, im Anschluss können die Schüler ihre Gefühle und Gedanken mitteilen. Damit sich niemand gezwungen fühlt, etwas sagen zu müssen, wird der Sprechstein nicht im Sitzkreis reihum an den direkten Sitznachbarn weitergegeben, sondern nach jeder Äußerung

---

[36] Vgl. Barkowski, Thomas: 5.3 Unterstützen, Heilsbronn, 2008, 13.
[37] Witt-Loers, Stephanie: Sterben, Tod und Trauer in der Schule, Göttingen, 2009, 42.

wieder in die Mitte des Sitzkreises zurückgelegt: Wer etwas sagen möchte, nimmt sich den Stein aus der Mitte, setzt sich auf seinen Stuhl zurück und hält den Stein so lange in seinen Händen, wie er etwas sagt. Möchte er nichts mehr sagen, legt er den Sprechstein einfach in die Mitte zurück, der nächste Schüler darf ihn an sich nehmen und sprechen. Ein Stein ist etwas Festes, das die Launen des Schicksals als sicheres Fundament überdauert.[38] Er bietet den Schülers Halt und Sicherheit. Jeder fühlt in seinen Händen die wohltuende, glatte und geschmeidige Oberfläche des Sprechsteins. Er kann ihn beim Sprechen durch seine Hände gleiten lassen. Das beruhigt und entspannt. Die Schüleräußerungen können von dem Schulseelsorger durch die Impulsfragen *„Wie fühlst du dich?"* oder *„Was sind deine Gedanken?"* angeregt werden. Es ist wichtig, alle Reaktionen und Gefühle zuzulassen, keine Äußerungen zu bewerten und Stille auszuhalten.

Material des Trauer-Koffers
- ➤ Blaues Tuch
- ➤ Große weiße Stumpfkerze mit Untersetzer
- ➤ Stab-Feuerzeug
- ➤ Vase mit Blume (rote Rose oder Sonnenblume)
- ➤ Taschentücher
- ➤ Sprechstein in Herzform

4.1.1.3 Unsere Gefühle sind durcheinander – aber wir sind nicht allein damit. Wir benennen sie, sammeln sie auf einem Plakat und tauschen uns darüber aus

Im Unterrichtsgespräch „Dein Tod macht mich sprachlos – Wir sprechen unsere Gefühle aus" wird schnell deutlich werden, dass der Tod eines Mitschülers verschiedene, zum Teil widersprüchliche Gefühle auslöst. Mit Hilfe eines Gefühlsplakats werden die Schüler in diesem Angebot des Trauer-Koffers ermutigt, genau in sich hinein zu horchen und ihre Gefühle auf einer Gefühls-Wort-Karte schriftlich festzuhalten. Nachdem diese Gefühls-Wort-Karten auf

---

[38] Schmiz, Gustav: Symbole. Urbilder des Lebens, Urbilder des Glaubens, Band 1, Limburg, 1998, 106.

einem Gefühls-Plakat gesammelt worden sind, tauschen die Schüler ihre Gefühle aus. Die einzelnen Schüler erfahren, dass nicht nur sie diese Gefühle spüren, sondern dass auch ihre Mitschüler und der Schulseelsorger gleiche beziehungsweise ähnliche Gefühle empfinden.

Der Schulseelsorger legt die vorbereiteten Gefühls-Wort-Karten auf das blaue Tuch in der Mitte des Bodenbildes.[39] Er beginnt, indem er beispielsweise die Karte „hilflos" aus der Mitte nimmt, den Satz *„Ich fühle mich hilflos"* sagt und die Gefühls-Wort-Karte „hilflos" auf das Plakatdrittel „Ich fühle" klebt. Durch das exemplarische Handeln des Schulseelsorgers werden die Schüler angeregt, ihr Gefühlschaos zu ordnen.[40] Sie vergleichen ihre eigenen Gefühle mit den Schlagwörtern der Gefühls-Wort-Karten. Der erste Schüler wird durch Blickkontakt aufgefordert, eine Gefühls-Wort-Karte für seine augenblicklichen Gefühle an das Gefühls-Plakat zu kleben. Stimmen sie mit einer vorbereiteten Gefühls-Wort-Karte überein, so kann die Karte auf das Plakat geklebt werden; liegt kein passendes Schlagwort auf dem Tuch, kann der Schüler ein Stichwort für seine Gefühle auf eine leere Wort-Karte schreiben und diese dann auf das Plakat kleben. Die Schüler nehmen sich in Form einer Schülerkette nacheinander an die Reihe. An diese Sammlung der Gefühle sollte sich ein Unterrichtsgespräch anschließen, in dem eine vertiefte Auseinandersetzung mit den Gefühlen angeregt wird. Die Schüler benennen ihre individuellen Gefühle und versuchen, sie näher zu beschreiben. Anschließend wird gemeinsam herausgearbeitet, warum die einzelnen Schüler sich so fühlen.

Das Gefühls-Plakat wird abschließend an eine freie Wand im Klassenraum gehängt und begleitet die Klasse während des gesamten Trauerprozesses. Die Schüler können es jederzeit durch neue Gefühls-Wort-Karten ergänzen. Dazu müssen sie in der Nähe des Plakates leere Kärtchen und einen Filzschreiber vorfinden.

---

[39] Da es sehr wahrscheinlich ist, dass sich beispielsweise mehrere Schüler „traurig" oder „hilflos" fühlen, sollte sich jede Gefühls-Wortkarte mehrfach auf dem Tuch befinden.
[40] Siehe Abschnitt 3.1.2 Reaktionsweisen der Schüler auf den Todesfall eines Mitschülers.

Der Schulseelsorger beobachtet, ob und wie sich die Gefühlsbe-
schreibungen der Schüler auf dem Plakat im Verlauf der Zeit än-
dern. So kann er einen Einblick in die Gefühlswelt seiner Schüler
bekommen, den Verlauf des Trauerprozesses besser einschätzen
und gestalten.

Material des Trauer-Koffers

> ➢ Blaues Tuch
> ➢ Große weiße Stumpfkerze mit Untersetzer
> ➢ Stab-Feuerzeug
> ➢ Vase mit Blume
> ➢ Taschentücher
> ➢ Blauer Filzschreiber
> ➢ Tasche A 3: - Gefühls-Wort-Karten in fünffacher Ausfertigung
>   - Leere Wort-Karten
>   - Plakat mit den Satzanfängen „Ich fühle mich", „Ich
>   bin" und „Ich habe"

*4.1.1.4   Dein Platz ist leer: Wir stellen die Erinnerungskerze, die
Sonnenblume und ein Bild von dir auf deinen Sitzplatz*

Es ist wichtig, dass der verstorbene Schüler für seine Mitschüler
auch nach seinem Tod symbolisch sichtbar bleibt. Aus diesem
Grund werden die große weiße Stumpfkerze und die Sonnenblume
aus der Mitte des Sitzkreises auf den Sitzplatz des verstorbenen
Mitschülers gestellt. Sie bleiben bis zum Ende der Trauerarbeit dort
stehen.[41] Jeder Schüler darf einen Gegenstand auf den Trauertisch
legen und damit seine persönliche Trauer zum Ausdruck bringen.[42]
Die Stumpfkerze kann entweder jeden Morgen vor Unterrichtsbe-
ginn von dem Schulseelsorger oder während des Morgenkreises
von einem Schüler mit dem Stab-Feuerzeug angezündet werden.
Ausgepustet wird sie entweder nach Unterrichtsschluss oder während des gemeinsamen Abschlusskreises am Ende eines Unter-
richtstags.

---

[41] Siehe Abschnitt 4.2.4 Du bleibst ein Teil unserer Gemeinschaft und bekommst einen
bleibenden Platz in unserer Schule: Wir pflanzen einen Baum für dich.
[42] Vgl. Reschke, Edda: Gemeinsam Trauern, Kevelaer, 2010, 37.

Die Schüler beobachten, dass die Sonnenblume bald verblüht, die Blütenblätter herunterfallen und verwelken. Sie stellen fest, dass die Blume stirbt, aber einen Blütenstamm mit Sonnenblumenkernen hinterlässt. Diese Samen werden in einer Schachtel aufbewahrt und zu Beginn des nächsten Frühjahrs in kleine Tontöpfe eingepflanzt. Die Schüler pflegen und beobachten die Töpfe in der Hoffnung, dass ein Teil ihrer alten Sonnenblume durch neue Sonnenblumenpflanzen weiterlebt. Sind die kleinen Sonnenblumen groß genug, werden sie gemeinsam unter den Erinnerungsbaum[43] eingepflanzt und kommen zur Blüte.

4.1.1.5 *Du warst noch so jung – Wir schauen uns Bilder von Händen und Todesanzeigen an und stellen fest: Junge Leute sterben – alte Leute sterben*

„Das Sterben gehört zum Leben dazu, wie das Geborenwerden, wie Schmerz und Freude, Leid und Glück.“[44]

Der Einsatz von Bildmaterial kann unterschiedliche Zielvorgaben haben.[45] In diesem Angebot des Trauer-Koffers haben die Bilder gleich mehrere Funktionen. Sie dienen den Schülern als Impuls zur Hinführung an das Thema, müssen in Kombination mit Todesanzeigen gedeutet werden, um den Schülern dann Informationen zu vermitteln.

Mit Hilfe der drei Hände-Bilder aus dem Trauer-Koffer werden unterschiedliche didaktische Zielsetzungen verfolgt:[46] Die Bilder hinterlassen intensive, anschauliche Eindrücke, die sich den Schülern tiefer einprägen als Worte. Da diese Bilder Unanschauliches anschaulich machen, nur einen Ausschnitt zeigen und erst gedeutet

---

[43] Siehe Abschnitt 4.2.4 Du bleibst ein Teil unserer Gemeinschaft und bekommst einen bleibenden Platz in unserer Schule: Wir pflanzen einen Baum für dich.

[44] Vgl. Witt-Loers, Stephanie: Sterben, Tod und Trauer in der Schule, Göttingen, 2009, 31.

[45] Vgl. Orth, Peter: Umgang mit Bildern. In: Bitter, Gottfried, Rudolf Englert, Gabriele Miller u.a. (Hrsg.): Neues Handbuch religionspädagogischer Grundbegriffe, München, 2006, 489.

[46] Vgl. ebd., 490.

werden müssen, erzeugen sie Motivation und Aufmerksamkeit. In den Bildern eröffnet sich den Schülern eine Erkenntnis, die ihnen bis jetzt noch nicht bewusst war; bisher noch nicht Wahrgenommenes wird ihnen vor Augen geführt – die selbstverständliche kausale Verbindung von Tod und hohem Alter wird für sie auf einmal fragwürdig.[47]

Das fünfte Angebot des Trauer-Koffers greift die Todesvorstellungen der Schüler auf.[48] Die Schüler versammeln sich im Stuhl-Sitzkreis und **kommen zur Ruhe**.[49] In der Mitte liegt das dunkelblaue Tuch. Der Schulseelsorger legt drei Bilder auf das blaue Tuch. Auf jedem Bild sind zwei Hände in ähnlicher Haltung abgebildet, die aufgrund unterschiedlicher Strukturen gut erkennbar von zwei verschiedenen Personen stammen.

Hände können viel über einen Menschen und sein Leben aussagen. Hat jemand beispielsweise sein Leben lang körperlich hart arbeiten müssen, spiegeln dies seine gezeichneten Hände eindeutig wider. Kinderhände hingegen wirken in der Regel eher zierlich. Darüber hinaus können Abbildungen von Händen verdeutlichen, dass Menschen jeden Alters sterben können; im Vergleich zu Gesichtern oder Ganzkörperabbildungen sind Handbilder anonymer. Auf dem ersten Bild dieses Angebots des Trauer-Koffers sind zwei Kinderhände zu sehen, eine von ihnen könnte sogar von einem Baby stammen. Die Hände auf dem zweiten Bild zeigen die Hand einer jungen Frau und die eines jungen Mannes. Die Hände des dritten Bildes gehören einer alten Frau und einem alten Mann.

Die Schüler **betrachten** die Bilder. Der Schulseelsorger wartet in Ruhe die Reaktionen der Schüler ab. Sie melden sich und **beschreiben**, was sie auf den drei Bildern sehen. Durch diese Schüleräußerungen wird deutlich, dass auf den Bildern gleichermaßen Frauen- und Männerhände zu sehen sind und dass die Hände von Menschen unterschiedlichen Alters stammen. Im Anschluss daran

---

[47] Vgl. ebd., 490.
[48] Siehe Abschnitt 3.1.1 Die Entwicklung kindlicher Todesvorstellungen.
[49] Vgl. Orth, Peter: Umgang mit Bildern, München, 2006, 492.

legt der Schulseelsorger drei Todesanzeigen in die Mitte.[50] Die optische Gestaltung der Anzeigen ist identisch, sie unterscheiden sich lediglich in den Namen, den Geburts- und Sterbedaten. Dadurch soll deutlich werden, dass es in diesem Angebot des Trauer-Koffers um den Todeszeitpunkt in einem Leben und nicht um die Gestaltung von Traueranzeigen geht.

Die Schüler äußern ihre Assoziationen und Fragen zu den drei Todesanzeigen. Falls sie an den Daten der Anzeigen nicht selbst entdecken, dass alle drei verstorbenen Personen unterschiedlich alt geworden sind, werden sie von dem Schulseelsorger dazu aufgefordert, genau auszurechnen, wie alt die Personen der Todesanzeigen geworden sind. Damit die Schüler die Lebensspannen auf den Todesanzeigen leicht ausrechnen können, werden gerade Jahreszahlen verwendet (2005 bis 2010, 1980 bis 2010 und 1930 bis 2010). Nachdem das jeweilige Sterbealter ermittelt worden ist, fordert der Schulseelsorger die Schüler auf, jedem der drei Hände-Bilder eine Todesanzeige zuzuordnen. An diese Text-Bild-Zuordnung schließt sich ein gelenktes Unterrichtsgespräch an, in dem die Schüler die drei Bilder in Kombination mit den Todesanzeigen **deuten** und herausarbeiten, dass nicht nur alte, sondern auch junge Menschen sterben. Nach der Deutung haben die Schüler die Möglichkeit, ihr **subjektives Empfinden** zu **äußern**.

Zur Festigung und zum weiteren Nachdenken legt der Schulseelsorger den Schriftzug „Das Sterben gehört zum Leben dazu, wie das Geborenwerden, wie Schmerz und Freud, Leid und Glück" über die Text-Bild-Zuordnungen in der Mitte und lässt den Schülern Raum für eigene Kommentare.

Material des Trauer-Koffers
 ➢ Blaues Tuch
 ➢ Tasche **A 5**: - Bild 1: Kinderhände
  - Bild 2: Hände junger Erwachsener
  - Bild 3: Hände alter Menschen
  - 3 vergrößerte Todesanzeigen

---

[50] Es muss darauf geachtet werden, dass die Namen auf den Todesanzeigen von den Namen der Schüler, ihrer Eltern und Geschwister abweichen.

- Schriftzug „Das Sterben gehört zum Leben dazu, wie das Geborenwerden, wie Schmerz und Freud, Leid und Glück"

4.1.1.6 Du bist bei mir und begleitest mich in meiner Trauer, das tröstet mich. Ich bemale meinen Wegbegleiter

Die Schüler werden in ihrem Trauerprozess von Bezugspersonen begleitet, die ihnen persönlich zur Seite stehen. Doch nicht nur Personen, sondern auch persönliche Gegenstände können einen Menschen auf seinem Weg der Trauer begleiten und ihm Halt vermitteln. In einem Unterrichtsgespräch wird die Trost spendende Bedeutung von solchen Wegbegleitern und von unterschiedlichen Farbtönen thematisiert.

Die Wegbegleiter aus dem Trauer-Koffer bestehen – bewusst – aus den Naturmaterialien Ton und Holz. So soll symbolisch eine Brücke vom Menschen zur Natur geschlagen werden. Der Schulseelsorger zeigt den Schülern exemplarisch eine kleine Tonscheibe mit einem Loch in der Mitte und eine kleine Naturholzscheibe. Er teilt den Schülern mit, dass sie sich entscheiden können, welche dieser beiden Scheiben für sie zu einem persönlichen Wegbegleiter werden soll und dann – im Gedenken an den verstorbenen Mitschüler – noch angemalt werden muss, sodass sie anschließend immer mit getragen werden kann: als Kette am Hals oder in der Hosentasche, unter dem Kopfkissen oder auf dem Nachttisch. In Momenten, in denen die Schüler besonders traurig sind, können sie diese Scheibe als ihren Wegbegleiter in die Hand nehmen, die Augen schließen, seine Form spüren, sich an ihm „festhalten" und dabei ihren Gedanken nachgehen.

Damit sie ihre momentanen Gefühle, beispielsweise Trauer, Wut oder Hilflosigkeit, auch durch bestimmte Farbtöne ausdrücken können, sollten die Schüler zunächst erst nur eine Seite der Scheibe mit dunklen Farben gestalten. Sie erhalten vom Schulseelsorger vorweg den Hinweis, dass erst am Ende des gemeinsamen Trauerweges auch die andere Seite bemalt wird. Am Ende des Trauerweges wird dieser Wegbegleiter der Trauer dann zum Hoffnungsträger: Die Schüler bemalen die zweite Seite ihres persönlichen Wegbegleiters mit hellen Farben beziehungsweise mit einer Mischung aus hellen und dunklen Tönen. Da Trauer ein höchst individueller Prozess ist, der bei jedem Menschen unterschiedlich intensiv ausfällt und unterschiedlich lange dauert,[51] kann jeder Schüler frei entscheiden, wann er die zweite Seite seines Wegbegleiters gestalten möchte. Aus diesem Grund wird im Klassenzimmer ein Platz eingerichtet, an dem auf einem abgedeckten Tisch die Farben und Pinsel bereit stehen.

Bevor die zweite Seite am Ende ihres persönlichen Trauerprozesses bemalt wird, berichten die Schüler, ob und in welcher Form der Wegbegleiter ihnen in ihrer Trauer individuellen Trost gespendet hat. Die Schüler erinnern sich, wie sie sich in den ersten Stunden und Tagen nach der Todesnachricht gefühlt haben und beschreiben nun ihre derzeitigen Gefühle. Die sollen sie dann mithilfe unterschiedlicher heller Farben auf der zweiten Seite, also der „Hoffnungsseite", ausdrücken.

Durch die Gestaltung der zweiten Seite der Scheibe drücken die Schüler somit das wiedergefundene Vertrauen in Gottes Liebe und damit ihren neuen Lebensmut aus.

Material des Trauer-Koffers
> Karton **A 6**
Material für den ersten Arbeitsgang am Beginn des Trauerprozesses
- Kettenanhänger aus Ton (kleine Tonscheiben mit Loch)
- Baumwollbänder in Dunkelviolett
- Naturholzscheiben
- Allesfarbe: Dunkelgrün, Dunkelblau, Dunkelviolett
- Pinsel
- <u>Nicht im Koffer</u>: Malunterlagen und Gefäße für die Pinsel
Material für den zweiten Arbeitsschritt am Ende des Trauerprozesses
- Persönliche Wegbegleiter
- Allesfarbe: Hellgrün, Hellblau, Hellviolett, aber auch Dunkelgrün, Dunkelblau, Dunkelviolett
- Pinsel
> <u>Nicht im Koffer</u>: Malunterlagen und Gefäße für die Pinsel

---

[51] Siehe Abschnitt 3.1.2 Reaktionsweisen der Schüler auf den Todesfall eines Mitschülers.

4.1.2   Die Gestaltung des zweiten Tages – Zeiten der Erinnerung schaffen

Jeder Mensch hinterlässt im Leben seiner Mitmenschen persönliche Erinnerungen. Ein Sprichwort sagt, dass ein Lächeln im Gesicht all derjenigen, die an ihn denken, mit Abstand das Schönste ist, was von einem verstorbenen Menschen zurückbleiben kann. Es ist also wichtig, allen Schülern das Gefühl zu vermitteln, dass ihr verstorbener Mitschüler durch die Erinnerung an gemeinsame Zeiten lebendig gehalten wird.[52] Aus diesem Grund erinnern sich die Schüler in der dritten Traueraufgabe mit Gesprächen und unterschiedlichen Arbeitsangeboten des Trauer-Koffers an die gemeinsamen Erlebnisse mit dem verstorbenen Mitschüler.

Am Anfang eines Trauerweges wird der verstorbene Mitschüler vielfach idealisiert.[53] Wichtig aber ist es stattdessen, an die ganze Person mit all ihren positiven und negativen Eigenschaften zu denken. Dies setzt voraus, dass von Erlebnissen berichtet wird, an die man sich gern zurück erinnert, aber auch solche müssen angesprochen werden, die nicht so schön waren.

4.1.2.1   Wir merken, dass wir mit der Trauer nicht allein sind – Wir horchen in uns hinein: So haben wir den gestrigen Tag erlebt, so fühlen wir uns heute

„Zuhören ist die Grundform des Tröstens und eines jeden Gesprächs. "[54]

Der zweite Tag sollte mit dem Ritual des Morgenkreises beginnen. Die Schüler bilden einen Stuhl-Sitzkreis um das blaue Tuch. Auf dem Tuch liegen der Sprechstein, leere Wort-Kärtchen und ein blauer Filzschreiber. Der Schulseelsorger nimmt den Sprechstein und fragt die Schüler, wie sie den gestrigen Tag erlebt haben. Er

---

[52] Vgl. Rüttiger, Gabriele: 6.7 Methoden und Rituale, Heilsbronn, 2008, 28ff.

[53] Vgl. Witt-Loers, Stephanie: Sterben, Tod und Trauer in der Schule, Göttingen, 2009, 63.

[54] Vgl. Franz, Margit: Tabuthema Trauerarbeit. Kinder begleiten bei Abschied, Verlust und Tod, München, 2009, 148.

legt den Sprechstein in die Mitte zurück. Anschließend haben die Schüler die Möglichkeit, den Sprechstein in die Hand zu nehmen und zu beschreiben, wie sie den gestrigen Schultag erlebt haben und wie es ihnen am Nachmittag ergangen ist. Durch diese Schüleräußerungen erhält der Schulseelsorger einen Eindruck davon, ob die Schüler auch in ihrer Freizeit mit jemandem über den Todesfall sprechen konnten und auch außerhalb der Schule eine erwachsene Bezugsperson haben, an die sie sich jederzeit mit ihren Fragen und Ängsten wenden können.

Nachdem die Schüler vom vorigen Tag berichtet haben, nimmt der Schulseelsorger den Stein erneut in die Hände. Er beschreibt seine momentanen Gefühle und fragt die Schüler, wie es ihnen in diesem Augenblick geht. Die Schüler versuchen, ihre Gefühle in Worte zu fassen. Wer möchte, darf einen Begriff für seine derzeitigen Gefühle mit dem blauen Filzschreiber auf ein Wort-Kärtchen schreiben und es dann auf das Gefühls-Plakat kleben.[55] Durch die Äußerungen ihrer Gefühle kann der Schulseelsorger den momentanen emotionalen Zustand der Schüler einschätzen und herausfinden, ob einzelne von ihnen eventuell eine besondere Betreuung benötigen und auf welche der Schüler er besonders achten sollte. Auch für die weitere Gestaltung des zweiten Tages ist es wichtig, einen Eindruck davon zu bekommen, wie es in den Schülern aussieht.

Material des Trauer-Koffers
- Blaues Tuch
- Sprechstein
- Blauer Filzschreiber
- Leere Wort-Kärtchen

---

[55] Siehe Abschnitt 4.2.1.3 Unsere Gefühle sind durcheinander – aber wir sind nicht allein damit. Wir benennen sie, sammeln sie auf einem Plakat und tauschen uns darüber aus.

4.1.2.2 Dein Tod wirft für mich noch viele Fragen auf – Ich kann meine Fragen jederzeit aufschreiben und in unsere Sorgen-Kiste werfen

Das zweite Angebot dieses Tages aus dem Trauer-Koffer schließt unmittelbar an das erste an. Der Schulseelsorger hält, für alle gut sichtbar, das Arbeitsblatt „Ich habe viele Fragen" hoch und leitet zur Bearbeitung des Arbeitsblatts über. Der Stuhl-Sitzkreis wird aufgelöst, die Schüler setzen sich auf ihre Plätze zurück. Indem die Schüler ihre eigenen Fragen um das bekannte Symbol des Fragezeichens auf dem Arbeitsblatt aufschreiben, werden sie für alle nach außen sichtbar. In der Zwischenzeit zeichnet der Schulseelsorger ein großes Fragezeichen an die Tafel. Sind die Schüler mit der Beschriftung des Arbeitsblatts fertig, nehmen sie sich in Form einer Schülerkette gegenseitig an die Reihe und schreiben freiwillig eine ihrer Fragen neben das große Fragezeichen an der Tafel. Durch das Einsammeln und Aufschreiben der Schülerfragen an der Tafel wird jedem einzelnen Schüler bewusst, dass der Todesfall nicht nur bei ihm selbst viele Fragen ausgelöst hat, sondern dass sich alle Mitschüler gleiche oder ähnliche Fragen stellen. In einem anschließenden Unterrichtsgespräch wird herausgearbeitet, dass der Tod eines Menschen grundsätzlich bei den Hinterbliebenen zahlreiche, sehr unterschiedliche Fragen auslöst und dass es zum Teil dafür keine Antworten gibt.

An einer geeigneten Stelle des Unterrichtsgesprächs leitet der Schulseelsorger dann zum Angebot der Sorgen-Kiste über. Diese Sorgen-Kiste ermöglicht es jedem Schüler, alle seine Sorgen und Fragen jederzeit anonym auf einen Zettel zu schreiben und ihn anschließend in die Sorgen-Kiste zu werfen. Vielleicht kennen die Schüler dieses Ritual bereits von einem Klassen-Kummerkasten. Der Schulseelsorger hält im Anschluss daran die Sorgen-Kiste für alle gut sichtbar hoch, erklärt ihren Zweck und befestigt sie an einem geeigneten Ort des Klassenraums. Er leert die Sorgen-Kiste am Ende jedes Schultages und kann somit alle Fragen und Sorgen der Schüler im Morgenkreis des nächsten Tages aufgreifen und bei Bedarf in die Gestaltung des nächsten Tages mit einfließen lassen.

Material des Trauer-Koffers

➢ Sorgen-Kiste
➢ Tasche **A 8**: - 30 Arbeitsblätter „Ich habe viele Fragen"
   - Ein Stück weiße Tafelkreide
   - Leere Schreibblätter im Format DIN A5, die sich die Schüler nehmen können, um ihre Sorgen und Fragen aufzuschreiben

4.1.2.3 Du hast Fußspuren hinterlassen – Erinnerungen, die mich trösten. Wir entdecken: Unser Leben ist wie ein Weg mit vielen Fußspuren, die wir als Menschen hinterlassen

„*Indem wir eine Thematik versprachlichen, verbildlichen und verleiblichen, begegnen wir ihr in unserer Ganzheit und erschließt sie sich uns in ihrer Ganzheit.*"[56]

Das Thema wird durch den Einsatz eines Bodenbildes erschlossen. Bodenbilder erzeugen Neugier und Interesse. Sie fördern bei Schülern die Bereitschaft zum aufmerksamen Zuhören und lenken so ihre Konzentration auf das Unterrichtsgeschehen. Bodenbilder können Gespräche anregen und einzelne Arbeitsschritte visuell veranschaulichen. Darüber hinaus können sie auf ästhetisch-ganzheitliche Weise die Wahrnehmungsfähigkeit der Schüler fördern.[57]

Durch diese vielfältigen pädagogischen Möglichkeiten des Bodenbildes auf der Grundlage des Trauer-Koffers können die komplexen Inhalte dieses Angebots für die Schüler anschaulich, verständlich und altersgemäß dargestellt und somit von ihnen inhaltlich erschlossen werden. Außerdem fördert der Schulseelsorger durch den Einsatz des Bodenbildes die aktive Beteiligung des einzelnen Schülers einschließlich des sozialen Umgangs untereinander.[58] Es entstehen:

---

[56] Kett, Franz, Robert Koczy: Die Religionspädagogische Praxis. Ein Weg der Menschenbildung, Landshut, 2009, 140.
[57] Vgl. Schaupp, Barbara: Bodenbilder gestalten. In: Rendle, Ludwig (Hrsg.): Ganzheitliche Methoden im Religionsunterricht, München, 2008, 175.
[58] Vgl. ebd., 177.

1. Kontakte zwischen den Schülern, der Lehrkraft, dem Unterrichtsgegenstand und dem Material;
2. Kontakte unter den Schülern dieser Klasse;
3. Kontakte der Schüler zu ihrer eigenen Lebenswelt und ihren individuellen Gefühlen.

Gerade der zweite und dritte Punkt ist für eine erfolgreiche Trauerarbeit von erheblicher Bedeutung, da es auf diesem Weg möglich wird, dass der einzelne Schüler seine eigenen Gefühle wahrnehmen kann, sich öffnet und seine Gefühle den Mitschülern auch mitteilt. Durch diesen gemeinsamen Austausch erfährt der einzelne Schüler, dass er im Trauerprozess nicht allein ist, sondern ihn in der Gemeinschaft erlebt, dass er von der Gemeinschaft getragen wird und so eigene Wege der Bewältigung für seine Gefühle finden kann. Die Erschließung des Bodenbildes läuft nach bestimmten methodischen Phasen ab:

1. Phase: Vorbereitung des Bodenbildes durch den Schulseelsorger und Versammlung der Klasse um das Bodenbild herum.
2. Phase: Konfrontation der Schüler mit dem Ausgangsbild.
3. Phase: Erschließung des Bodenbildes durch Erzählteile des Schulseelsorgers, Erarbeitungsphasen der Schüler und Erweiterung des Bodenbildes.
4. Phase: Verinnerlichung des Schlussbildes mit seiner Aussage kraft für den weiteren Trauerprozess.

1. Phase: <u>Vorbereitung des Bodenbildes durch den Schulseelsorger und Versammlung der Klasse um das Bodenbild herum</u>

Der Schulseelsorger hat in der Mitte des Klassenraumes ein Bodenbild vorbereitet. Die Schüler setzen sich zusammen mit dem Schulseelsorger in aller Ruhe in einem Stuhl-Sitzkreis um das Bodenbild herum.

2. Phase: <u>Konfrontation der Schüler mit dem Ausgangsbild</u>

Die Schüler sehen das Bodenbild an und lassen es auf sich wirken: Ein dunkelgrünes Tuch ist in die Form eines **Y** gelegt worden.

Dieses grüne **Y** symbolisiert einen Weg, der sich an einem Punkt gabelt: ein Weg führt nach rechts, der andere nach links. Der untere Teil des **Y** steht für den bisherigen gemeinsamen Weg der Klasse mit dem toten Mitschüler. An der Weggabelung liegt ein Holzkreuz, das christliche Symbol für den Tod. Es markiert den Todesfall des Mitschülers und die Trennung des gemeinsamen Weges. Über den beiden offenen Armen des **Y** liegt ein dunkelblaues, kreisförmiges Tuch. Durch dieses dunkelblaue Tuch werden die beiden Wege wieder miteinander verbunden. In der Mitte des dunkelblauen Tuches steht ein Windlicht mit einer weißen Stumpfkerze. Das dunkelblaue Tuch mit dem Windlicht symbolisiert das ewige Leben nach dem Tod in Gottes Hand.

3. Phase: <u>Erschließung des Bodenbildes durch Erzählteile des Schulseelsorgers, Erarbeitungsphase der Schüler und Erweiterung des Bodenbildes</u>

Die Erschließung des Bodenbildes beginnt mit einem Erzählteil des Schulseelsorgers. Dabei wird das Bodenbild durch begleitendes Handeln erweitert:

Erzählteil des Schulseelsorgers	Begleitendes Handeln des Schulseelsorgers
„Jeder Lebensweg eines Menschen beginnt mit seiner Geburt, endet mit seinem Tod und dem Übergang ins ewige Leben bei Gott."	Er zeigt auf das Holzkreuz.
	Er zündet die weiße Stumpfkerze im Windlicht an.
„Keiner geht seinen Lebensweg allein, sondern wird in unterschiedlichen Lebensphasen von verschiedenen Menschen begleitet, zum Beispiel von seinen Eltern, Geschwistern, Großeltern, Paten und Freunden. Und auch von seinen Mitschülern."	Er legt zwei orangefarbene Fußspuren auf den unteren Teil des **Y**.
	Er legt weitere orangefarbene Fußspuren auf den unteren Teil des **Y**.
	Er stoppt an der Weggabelung, auf der das Holzkreuz liegt.

An den Erzählteil des Schulseelsorgers schließt sich ein Erarbeitungsteil an. Auch während des Erarbeitungsteils wird das Bodenbild durch begleitendes Handeln des Schulseelsorgers erweitert:

Erzählteil und Handeln des Schulseelsorgers	Schülerhandeln
„Könnt ihr euch vorstellen, was uns dieses Bodenbild zeigen soll?"	Schüler finden die Verbindung des Bodenbildes zum Tod von x heraus und äußern sich dazu.
„Auf unserem gemeinsamen Weg haben wir viel mit x erlebt. Auch wenn ein geliebter Mensch stirbt und den gemeinsamen Weg verlässt, bleibt er in unseren Gedanken, in unseren Erinnerungen und in unseren Herzen. Jede orange Fußspur steht für ein Erlebnis mit x." Dabei zeigt er auf die orangefarbenen Fußspuren. *„Fallen euch Erlebnisse ein, die wir in unserer gemeinsamen Zeit mit x erlebt haben?"*	Die Schüler melden sich und beschreiben ihre Erinnerungen. Dabei rufen sie sich in Form einer Schülerkette gegenseitig auf.
„Wie lang ein Lebensweg ist und wie lange man von anderen Menschen begleitet wird, weiß im Voraus niemand. Durch den Tod sind wir ganz plötzlich keine Wegbegleiter mehr von x. Er musste unseren gemeinsamen Weg verlassen und geht nun einen anderen Weg. Christen vertrauen darauf, dass alle Wege zu Gott führen." Dabei zeigt der Schulseelsorger erst auf die beiden Wege des oberen **Y** und dann auf die große Stumpfkerze auf dem blauen Tuch. Im Anschluss	

daran legt er symbolisch für die jetzt getrennten Wege drei gelbe Kreiskarten auf den linken Weg und drei rote Fußspuren auf den rechten – und fragt die Schüler, wofür die gelben Kreise und die roten Fußspuren stehen.

Die Schüler melden sich und sagen, dass die roten Fußspuren für den weiteren gemeinsamen Weg der Klasse nach dem Tod von x stehen und äußern die Vermutung, dass die gelben Kreise den weiteren Weg von x nach seinem Tod darstellen.

Der Schulseelsorger erarbeitet zusammen mit den Schülern die Frage, warum der Kreis als Symbol für den weiteren Weg von x steht. Danach leitet er zum Arbeitsauftrag über.

„Einige Menschen bleiben für immer anwesend, denn sie hinterlassen Spuren in unserem Herzen. Jeder von euch darf sich gleich eine orange Fußspur nehmen. Auf die orange Fußspur kannst du etwas schreiben oder malen, an das du dich erinnerst, wenn du an x denkst – oder worüber du dich freust, wenn du an x denkst."

Die Schüler nehmen sich eine orangefarbene Fußspur, setzen sich auf ihren Platz zurück und schreiben beziehungsweise malen eine Erinnerung an die gemeinsame Zeit mit ihrem Mitschüler auf ihre orangefarbene Fußspur.

Die Farbauswahl der drei Symbole – orange und rote Fußspuren, gelber Kreis – spiegelt die Aussage des Bodenbildes wider und betont die Trennung des gemeinsamen Weges: Die Fußspuren des gemeinsamen Weges sind orange. Orange setzt sich aus Gelb – Farbe der Kreise – und Rot – Farbe der Fußspuren nach der Wegtrennung – zusammen. Somit besteht die Farbe der Fußspuren des gemeinsamen Weges aus den beiden Farben, die auch die Symbole nach der Weggabelung aufweisen. Die gelbe Farbe der Kreise ist jedoch nicht nur eine Farbkomponente, aus der Orange gemischt wird, sondern weist darüber hinaus auch auf das Ziel des Weges hin: den hellen, gelben Kerzenschein. Der Farbgebung entsprechend sind die Kreise dem Licht, das im Christentum mit der Auferstehung verbunden wird, also deutlich näher, als dies bei den roten Fußspuren der Fall ist. Weil das Dasein nach dem Tod für den menschlichen Verstand unbegreiflich ist, jedoch vermutlich eine andere Dimension als das leibliche irdische Leben hat, wird der Weg des toten Mitschülers nicht durch gelbe Fußspuren, sondern durch gelbe Kreise symbolisiert. Ein Kreis ist eine vollkommene geometrische Form, die den Schülern auch in anderen Angeboten des Trauer-Koffers wieder begegnet, beispielsweise bei der Gestaltung eines Mandalas.[59]

4. Phase: <u>Verinnerlichung des Schlussbildes mit seiner Aussagekraft für den weiteren Trauerprozess</u>

Im Anschluss an die vorangegangene Arbeitsphase versammeln sich die Schüler und der Schulseelsorger erneut im Steh- oder Sitzkreis um das Bodenbild. Exemplarisch legt der Schulseelsorger seine orange Fußspur auf den grünen Weg und fordert den Schüler neben sich auf, seine orange Fußspur mit seiner Erinnerung an die gemeinsame Zeit vor dem Tod des Mitschülers auf den entsprechenden Teil des grünes Weges zu legen. In Form einer Schülerkette wird dies fortgesetzt. Dabei läuft im Hintergrund leise Instrumentalmusik. Ist dieser Arbeitsschritt erledigt, sendet der

---

[59] Siehe Abschnitt 4.2.2.5 Ich spüre: Gott hält dich und mich liebevoll in seiner Hand – die biblischen Trost- und Hoffnungsworte geben uns diese Botschaft.

Schulseelsorger folgenden Impuls aus: Er stellt ein Körbchen mit Teelichtern neben das Bodenbild, nimmt sich ein Teelicht aus dem Korb und zündet es an der Stumpfkerze im Windlicht an. Er stellt das brennende Teelicht neben dem Windlicht auf das dunkelblaue Tuch und trägt dabei seine Erinnerung an den verstorbenen Mitschüler vor. Anschließend sucht er Blickkontakt zu einem Schüler und fordert ihn damit auf, dasselbe zu tun. Die Symbolhandlung des Teelicht-Anzündens kann jedoch auch schweigend durchgeführt werden. Nach dem Anzünden der Teelichter und dem freiwilligen Vortragen der Erinnerungen liest der Schulseelsorger das Gedicht „Bist du da?" vor und leitet somit zum Angebot „Ich frage mich: Bist du noch da?" über.

Material des Trauer-Koffers
- Grünes Tuch
- Rundes dunkelblaues Tuch
- Windlicht mit weißer Stumpfkerze
- 30 Teelichter
- Stabfeuerzeug
- Holzkreuz
- CD mit Instrumentalmusik
- Tasche **A 9**: - 30 orange Fußspuren
  - 3 gelbe Kreise
  - 3 dunkelrote Fußspuren

<u>Nicht im Koffer</u>: CD-Player

4.1.2.4   Ich frage mich: „Bist du noch da?" Wir erkennen: Erinnerungen an dich geben dir einen   neuen Platz in unserem Leben

Bist du da?
Ich sehe dich nicht, du sitzt nicht mehr neben mir.
Ich höre dich nicht, deine Stimme rückt immer weiter in die Ferne.
Meine Hände wollen dich spüren, doch sie greifen ins Leere.
Und doch bist du da – in meinen Erinnerungen.[60]

---

[60] In Anlehnung an R. Salzbrenner.

Das Gedicht beschreibt aus der Ich-Perspektive die Gefühle eines Menschen, der einen anderen Menschen nur noch in seiner Erinnerung sehen, hören und spüren kann. Durch die Erzählperspektive schlüpft der Leser in die Rolle der Ich-Person, wodurch sich der Grad der Identifikation mit dem Text erhöht. Anhand seiner klaren Worte und Botschaften ist der Text verständlich und eindringlich.

Dieses Gedicht eignet sich besonders für den Einsatz an exakt dieser Stelle des schulischen Trauerprozesses: Einerseits spiegeln sowohl die Überschrift als auch die Worte der ersten drei Zeilen ähnlich negative Gefühle und Erfahrungen wider, wie sie vermutlich die Schüler nach der Übermittlung der Todesnachricht empfunden und auf ihrem Gefühls-Plakat zusammengestellt haben. Anderseits greift das Gedicht die visuelle Botschaft und Aussage des Bodenbildes durch seine letzte Zeile auf und vertieft sie anschließend auch noch: „Und doch bist du da – in meinen Erinnerungen." Somit kann die Eingangsfrage des Gedichtes mit „Ja" beantwortet werden.

An dieser Stelle merken die Schüler, dass sich in ihrem Trauerprozess etwas verändert: Aus den negativen Gefühlen der Verzweiflung, Hoffnungslosigkeit und der Angst beziehungsweise der empfundenen Leere sind positive Gefühle der Hoffnung geworden, die den Schülern in dieser traurigen Situation Trost und Zuversicht spenden: Auch wenn ich x nicht mehr sehen, weder seine Stimme hören noch seinen Körper spüren kann, bekommt er durch meine Erinnerungen an unsere gemeinsame Zeit einen neuen Platz in meinem Leben.

Zur Einstimmung liest der Schulseelsorger das Gedicht vor. Durch spontane Schüleräußerungen und gezielte Nachfragen wird der Gedichttext gemeinsam durchdrungen. Dabei beschreiben die Schüler ihre Gedanken und Gefühle, die sie beim Hören des Gedichts hatten, und stellen mündlich Bezüge zwischen dem Gedichttext und ihren Gefühlen während des vorigen Tages beziehungsweise des heutigen Morgens her: „Ich habe x seit seinem Tod nicht mehr gesehen." „Ich habe seit seinem Tod nicht mehr mit ihm gesprochen." Oder: „Ich konnte seine Stimme bei der morgendlichen Begrüßung nicht hören oder ihm beim Verabschieden nicht mehr die Hand geben." Durch die Arbeit mit dem Bodenbild sowie mithilfe der letzten Zeile des Gedichttextes spüren die Schüler die Kraft, die von Erinnerungen ausgehen kann.

Im Anschluss daran erklärt der Schulseelsorger den Arbeitsauftrag und verteilt das Arbeitsblatt. Sind die Schüler mit der „Methode des freien Schreibplatzes" vertraut, kann der Schulseelsorger auch darauf zurückgreifen. Die Schüler müssen sich also nicht auf ihren Sitzplatz setzen, sondern suchen sich im Klassenraum einen Ort, an dem sie sich wohl fühlen und bequem hinsetzen oder hinlegen können.

Sie lesen sich das Gedicht noch einmal in Ruhe leise durch und schreiben anschließend ein eigenes Gedicht, indem sie die Zeilen des unteren Gedichts auf dem Arbeitsblatt ergänzen. Damit sie ihre Gedanken und Ideen sammeln, bereits Geschriebenes problemlos wieder durchstreichen und neu schreiben können, entwerfen sie ihr Gedicht erst auf dem Arbeitsblatt, bevor sie es dann auf ein ausliegendes Schmuckblatt übertragen und dies farblich gestalten.

Nach der Stillarbeit versammelt sich die Klasse in einem Steh-Halbkreis vor der Tafel oder einer leeren Wandfläche. Jeder Schüler heftet sein Schmuckblatt mit seiner eigenen Gedichtstrophe an die Präsentationsfläche, sodass jetzt abschließend ein gemeinsames Klassengedicht entstehen kann. Wer möchte, darf seine Strophe den anderen laut vorlesen oder sie vom Schulseelsorger vorlesen lassen. So erhält jeder die Möglichkeit, seine Gedanken den anderen mündlich oder schriftlich mitzuteilen.

Material des Trauer-Koffers
> Tasche **A 10**: - Gedichttext „Bist du da?"
>   - 30 Arbeitsblätter „Ich frage mich: Bist du noch da?"
>   - 30 gelbe Schmuckblätter
>   - 30 Pinnadeln

4.1.2.5   Ich spüre: Gott hält dich und mich liebevoll in seiner Hand
– die biblischen Trost- und Hoffnungsworte geben uns diese
Botschaft

„Die Kraft des Glaubens nutzen ... der Glaube gehört zu den
wertvollsten Ressourcen, die uns bei der Bewältigung von
Lebenskrisen zur Verfügung stehen.“[61]

Die biblischen Überlieferungen berichten von Krisen und ihrer Bewältigung. Sie beginnen mit der Vertreibung der Menschen aus dem Paradies, erzählen beispielsweise vom Auszug des Volkes Israels aus Ägypten sowie von der Sturmstillung und enden schließlich mit der Kreuzigung und Auferstehung Jesu, durch die seine ganze Gemeinschaft in eine sehr tiefe Krise gestürzt wurde.[62] Diese Überlieferungen zeigen auf, dass Krisen zum menschlichen Leben gehören und dass alles irdische Leben endlich ist. Gleichzeitig zeigen sie jedoch, dass Gott in jeder Lebenssituation bei den Menschen ist und dass sich die Menschen auch in schwierigen Zeiten in Gottes Gemeinschaft geborgen fühlen können. Biblische Worte und Geschichten spenden also Hoffnung und Kraft. Sie trösten und helfen, die eigene Sprachlosigkeit in Krisensituationen zu überwinden.

„Nicht zum ersten Mal bin ich dankbar für die Vielfalt religiöser
Rituale, den Reichtum an Gesten, Symbolen, biblischen
Überlieferungen, die das Gefühlschaos ordnende Liturgie und die
Sprache der Psalmen, wenn wir sprachlos sind.“[63]

Anhand ausgewählter Psalmtexte lernen die Schüler die unterschiedlichen Bedeutungen und die Aussagekraft von Psalmen kennen und erfahren selbst ihre Wirkung. Psalme sind religiöse Texte aus der Zeit des Alten Testaments, die mehrheitlich für kultisch-gottesdienstliche Anlässe geschrieben wurden.

Die erste Gruppe von Psalmen, die die Schüler kennen lernen, zeigt ihnen deutlich, dass sie sich auch in Zeiten der Trauer ihrem

---

[61] Barkowski, Thomas: 5.3 Unterstützen, Heilsbronn, 2008, 15.
[62] Vgl. Hauck, Barbara: 3. Kirche begleitet, Heilsbronn, 2008, 1.
[63] Schwabach-Nehring: „Siehe, um Trost war mir sehr bange...“, Darmstadt, 2003, 86.

Gott zuwenden und sich ihm anvertrauen können. Zum Beispiel Psalm 73,23: „Und dennoch gehöre ich zu dir! Du hast meine Hand ergriffen und hältst mich." Psalm 142,4: „Auch wenn ich selbst allen Mut verliere, du Herr weißt, wie es mit mir weitergeht!" Oder Psalm 23,4: „Und muss ich auch durchs finstere Tal, ich fürchte kein Unheil! Du Herr, bist da bei mir."

Die häufigste Psalm-Gattung ist das Klagelied. In diesen Psalmen drücken die Menschen ihre Schmerzen und Enttäuschung als Klage oder Aufforderung an Gott aus. Beispielsweise in Psalm 88,3: „Lass meine Gebete zu dir dringen, höre meinen Hilferuf!" Oder Psalm 13,4: „Mach es wieder hell vor meinen Augen."

Die Schüler erkennen, dass sie sich auch mit ihren Klagen und Warum-Fragen, wie beispielsweise „Warum hast du x sterben lassen?", an Gott wenden können. Andere Psalme wiederum drücken das Aufgehobensein bei Gott aus, das über den Tod hinausgeht. Zum Beispiel Psalm 121,8: „Auf all deinen Wegen wird er dich beschützen, vom Anfang bis zum Ende, jetzt und in aller Zukunft."

Die Schüler versammeln sich um einen großen Gruppentisch. Er ist mit einem blauen Tuch bedeckt, in seiner Mitte steht ein Windlicht mit einer brennenden weißen Stumpfkerze. Auf diesem Gruppentisch liegen laminierte Psalm-Textkärtchen. Der Schulseelsorger liest das erste Psalm-Textkärtchen laut vor. Die übrigen Kärtchen sollten von den Schülern vorgelesen werden. Durch das Lesen und Hören der Psalm-Textkärtchen lernen die Schüler eine Auswahl unterschiedlicher Psalmtexte kennen und entwickeln somit ein Gespür für die Sprache der Psalme. An das Vorlesen der Psalm-Textkärtchen schließt sich ein gelenktes Unterrichtsgespräch an, in dem Bedeutung und Funktion von Psalmen herausgearbeitet werden.

Der Schulseelsorger fordert jeden Schüler dazu auf, sich den Psalm heraus zu suchen, der ihn in seiner momentanen Trauersituation am ehesten anspricht. Den Text dieses Psalms soll der Schüler dann in die Vorlage eines Mandalas schreiben. Der Schulseelsorger hält, für alle gut sichtbar, die Vorlage des Mandalas hoch. Die Schüler können also sehen, dass sich im Zentrum des Mandalas eine ausgestreckte, offene Hand befindet. Diese Hand spiegelt die Aussage der Psalmtexte wider und steht symbolisch für den, der Menschheit zugewandten, dreieinigen Gott, der auch in Zeiten der Trauer bei ihnen ist, ihre Klagen und Fragen aushält und sich nicht von ihnen abwendet.

Die Schüler äußern ihre Assoziationen und Vermutungen über die Bedeutung der Hand. So kann diese Hand beispielsweise für einen Schüler auch die Hand seiner Mutter sein, weil sie immer für ihn da ist. Für einen anderen Schüler könnte die Hand auch den Menschen symbolisieren, der ihn in seiner Trauer begleitet. Äußert kein Schüler die Deutungsmöglichkeit, dass es sich um die Hand Gottes handeln könnte, ergänzt der Schulseelsorger die Schüleräußerungen: „Für mich symbolisiert diese Hand eindeutig Gott. Gott ist für mich da, in guten und in schlechten Zeiten. Ich kann mich immer an ihn wenden, wenn ich traurig oder sehr wütend bin, aber auch dann, wenn ich mich über etwas freue."

Jeder Schüler wählt nun seinen individuell passenden Psalm aus, nimmt sich das entsprechende Psalm-Kärtchen sowie eine Mandalavorlage, geht an seinen Sitzplatz zurück und bearbeitet dort sein Mandala. Durch das Auswählen und Abschreiben des ausgewählten Psalms wird der Text vom Schüler verinnerlicht. Damit von jedem Psalm genug Kärtchen vorhanden sind, jeder Psalm zu Beginn aber nur einmal vorgelesen wird, liegen die Psalm-Textkärtchen in Form kleiner Stapel auf dem großen Gruppentisch. So können sich auch mehrere Schüler für den gleichen Psalmtext entscheiden, und jeder von ihnen darf sein gewünschtes Psalm-Textkärtchen mit an seinen Sitzplatz nehmen.

Die Schüler beginnen mit der Gestaltung ihres Mandalas. Damit sie ihr Mandala möglichst frei gestalten können, besteht die Vorlage aus klaren, großen Formen. Die Schüler entschieden selbst, wie und wo sie den Psalmtext in ihr Mandala schreiben und mit welchen Farben sie es anschließend ausmalen. Durch das farbige Ausmalen ihres Psalm-Mandalas mit Bunt- oder Filzstiften, können die Schüler ihre innerliche Stimmung durch die farbliche Gestaltung des Mandalas sowie durch die Auswahl des Psalm-Textes nach außen hin sichtbar deutlich machen.

Am Ende versammelt sich die Gruppe zur Präsentation ihrer Psalm-Mandalas in einem Stehkreis um den mit einem blauen Tuch bedeckten Tisch. Jeder Schüler legt sein Mandala um das brennende Windlicht auf das blaue Tuch und liest dabei seinen Psalmtext laut vor. Wer möchte, kann zusätzlich auch begründen, warum er ausgerechnet diesen Psalm-Text ausgewählt hat. Da die Präsentation in Form einer Schülerkette erfolgt, wird der Redeanteil des Schulseelsorgers reduziert und zugleich die Selbstorganisation der Schüler gefördert. Sie müssen aufpassen und abwarten, bis sie an der Reihe sind.

Material des Trauer-Koffers
- Blaues Tuch
- Windlicht mit kleiner weißer Stumpfkerze
- Tasche **A 11**: - Psalm-Textkärtchen in mehrfacher Ausfertigung
  - 30 Arbeitsblätter zur Erstellung eines Mandalas

4.1.2.6   Das wünsche ich dir – Wir schreiben unsere Wünsche als Fürbitten auf Baumblätter und gestalten mit diesen Blättern einen Baum unserer Wünsche für dich

Trennen sich Lebenswege, kann man demjenigen, der den gemeinsamen Weg verlässt, etwas für seinen neuen Weg wünschen. In diesem Angebot des Trauer-Koffers erhalten die Schüler die Möglichkeit, ihre Wünsche für den verstorbenen Mitschüler auf ein braunes Baumblatt aus Tonkarton zu schreiben, in Form einer Fürbitte auszusprechen und dann an einen Baum zu heften. Die Symbolik eines Baumes wird genutzt.

„Ein Baum war schon immer mehr als ein Baum.
Er ist Ausdruck von Wachstum, Abschied, Wünschen
und Ängsten.“[64]
Der Baum ist das Symbol für menschliches Leben.[65] Seit Urzeiten wird das menschliche Leben mit dem Wachsen, Reifen und

---

[64] Reschke, Edda: Gemeinsam trauern, Kevelaer, 2010, 6.

Vergehen eines Baumes verglichen; der Baum ist das Urbild des Lebens und des Glaubens.[66] Die Wurzeln eines Baumes verbinden sich mit der Erde, geben ihm Halt und dienen als Nahrungsquelle. Der Stamm eines Baumes gibt ihm Festigkeit, und die **Baumkrone** erhebt sich bis in den Himmel hinein. Sie streckt sich der Sonne entgegen und lässt sich mit den **Wünschen** und Sehnsüchten eines Menschen in Beziehung bringen.[67] Da der Baum also in der Erde verankert ist und sich bis in den Himmel streckt, verbindet er Göttliches und Irdisches.

An einem Baum ist auch der Wechsel der Jahreszeiten und somit der Kreislauf des Lebens besonders gut sichtbar. Die grünen Baumblätter des Frühlings und Sommers verfärben sich im Herbst und fallen auf die Erde: Das Leben löst sich auf, somit steht die Jahreszeit Herbst für die Vergänglichkeit des Lebens.[68] Der Herbst ist die Zeit des Loslassens, doch auch die Hoffnung auf neues Leben schlummert in Form von Samen und Knospen in dieser Jahreszeit. Daher ist der Baum nicht nur ein Symbol des menschlichen Lebens, sondern auch des Todes und der Auferstehung.[69]

Die Schüler bilden einen Sitz-Halbkreis um die zugeklappte Tafel. Der Schulseelsorger legt hell- und dunkelbraune Herbstblätter aus Tonkarton in die Mitte des Sitz-Halbkreises und klappt die beiden Flügel der Tafel auf. Die Innenseite der Tafel wird sichtbar. Auf ihr befindet sich eine große Baum-Collage aus Filz mit einem braunen Stamm und einer grünen Baumkrone.

Die Schüler äußern sich zu dem Baum an der Tafel und zu den Baumblättern. Sie stellen die Vermutung an, dass sie auf die Tonkartonblätter einen Wunsch für x schreiben und ihr Blatt dann auf den großen Baum an der Tafel kleben können, sodass sie einen

---

[65] Vgl. Ort, Barbara, Ludwig Rendle (Hrsg.): Fragen, suchen, entdecken 1/2. Arbeitshilfen für Baden-Württemberg, München, 2006, 48.

[66] Vgl. Schmiz, Gustav: Symbole. Urbilder des Lebens, Urbilder des Glaubens, Band 2, Limburg, 1998, 83.

[67] Vgl. Ort, Barbara, Ludwig Rendle (Hrsg.): Fragen, suchen, entdecken 1/2, München, 2006, 48.

[68] Vgl. Reschke, Edda: Gemeinsam trauern, Kevelaer, 2010, 12.

[69] Vgl. Schmiz, Gustav: Symbole, Band 2, Limburg, 1998, 83.

Klassenbaum mit ihren persönlichen Wünschen für ihren verstorbenen Mitschüler gestalten. Indem der Schulseelsorger die
Schüleräußerungen zusammenfasst, leitet er zum Arbeitsauftrag
über: *„Muss jemand den gemeinsamen Weg verlassen, weil er gestorben ist, kann man ihm seinen Wunsch nicht mehr direkt sagen,
aber man kann seine Wünsche an ihn aufschreiben. Ihr dürft euch
gleich ein Baumblatt nehmen und auf das Blatt euren Wunsch an x
aufschreiben oder malen."* Die Schüler nehmen sich ein Baumblatt,
gehen an ihren Sitzplatz und überlegen, was sie x nach seinem Tod
wünschen können – und schreiben diesen Wunsch auf ihr Blatt.
Mögliche Schülerwünsche sind: „Ich wünsche x, dass er keine
Schmerzen hat". Oder: „Ich wünsche x, dass er nicht allein ist."
Am Ende versammeln sich die Schüler und der Schulseelsorger in
einem Steh-Halbkreis erneut am Baum auf der Tafel. Die Wünsche
der Schüler werden in Form eines Fürbittegebets vorgetragen. Der
Schulseelsorger erklärt vorher die Bedeutung und Funktion einer
Fürbitte und beginnt sie beispielsweise mit den Worten: *„Lieber
Gott, ich bitte dich, halte deine schützende Hand weiter über x."*
Jeder Schüler trägt seinen Wunsch an x in Form einer solchen Für-
bitte vor und heftet ihn anschließend in die Baumkrone. Der Schulseelsorger schließt das Fürbittegebet zum Beispiel mit den Worten:
*„Lieber Gott, wir bitten dich, lass uns nicht an deiner Liebe zwei-
feln, schenke uns und der Familie von x Trost in dieser traurigen
Zeit. Wir bitten dich, sei mit all deiner Liebe bei uns und der Familie von x, schenke allen, die ihn geliebt haben, neue Lebenskraft."*

Abschließend fragt er die Schüler, ob sie damit einverstanden
sind, dass dieses Fürbittegebet in der Schulandacht noch einmal
von ihnen gesprochen werden soll.

Material des Trauer-Koffers
> Tafel
> Baum-Collage aus braunem und grünem Filz
> Tesafilm
> Tasche **A 12**: - 15 hellbraune Baumblätter aus Tonkarton
>   - 15 dunkelbraune Baumblätter aus Tonkarton

4.1.3 Die Gestaltung des dritten Tages – den Abschied gestalten

„Trauernde brauchen den realen Abschied vom Verstorbenen."[70]

Der dritte Tag steht im Zeichen des Abschiednehmens. Wie auch bei der Umsetzung der drei vorherigen Traueraufgaben geht die Klassengemeinschaft zwar einen gemeinsamen Weg, jeder Einzelne erhält jedoch die Möglichkeit, sich ganz individuell von seinem verstorbenen Mitschüler zu verabschieden.

Die Beerdigung stellt ein tragendes Ritual des Abschiednehmens dar, die Teilnahme daran ist hilfreich, um Wahrheit und Endgültigkeit des Todes zu begreifen.[71] Die Schüler dürfen von der Feier der Beerdigung keinesfalls ausgeschlossen werden, sondern sollen durch ihre Teilnahme die von einer Gemeinschaft ausgehenden Kraft spüren – sie begleiten ihren Mitschüler auf seinem letzten Weg und können ihm damit noch einmal ihre Zuneigung zeigen. Darüber hinaus ist es für den weiteren Trauerprozess äußerst wichtig, dass alle Schüler die Möglichkeit erhalten, sich am offenen Grab endgültig von ihrem Mitschüler zu verabschieden.

Da diese Erfahrungen nicht nachzuholen sind, muss den Schülern durch vorbereitende Angebote ihre mögliche Angst vor dem Ritual der Beerdigung genommen werden, um sie somit zur Teilnahme zu ermutigen. Zu keinem Zeitpunkt aber dürfen sie das Gefühl haben, gedrängt oder gar gezwungen zu werden. Doch nicht nur die praktische Vorbereitung auf den Beerdigungsablauf ist wichtig, auch eine einfühlsame Begleitung durch Bezugspersonen ist unentbehrlich und muss im Voraus sichergestellt sein.[72] Hierbei bietet es sich an, mit der Elternschaft der Klasse möglichst eng zu kooperieren. Falls Eltern ihr Kind nicht begleiten können oder

---

[70] Franz, Margit: Tabuthema Trauerarbeit. Kinder begleiten bei Abschied, Verlust und Tod, München, 2009, 133.

[71] Vgl. Witt-Loers, Stephanie: Sterben, Tod und Trauer in der Schule, Göttingen, 2009, 14.

[72] Vgl. Franz, Margit: Tabuthema Trauerarbeit. Kinder begleiten bei Abschied, Verlust und Tod, München, 2009, 135.

möchten, ist eine Betreuung durch den Schulseelsorger oder den Klassenlehrer anzustreben. Können Eltern auf einem Elternabend nicht davon überzeugt werden, dass die Teilnahme an der Beerdigung für ihre Kinder im Rahmen der Trauerbewältigung von großer Bedeutung ist, muss dieser Elternwille von der Schule respektiert werden. Des Weiteren ist es wichtig, die Teilnahme der Schule an der Beerdigung mit den Eltern des verstorbenen Schülers im Voraus abzustimmen und ihre Wünsche anzuerkennen.

4.1.3.1 Wir horchen in uns hinein: Wie haben wir die Zeit nach der Todesnachricht erlebt, wie fühlen wir uns heute?

Auch der dritte Tag sollte mit dem Ritual des Morgenkreises beginnen. Die Schüler bilden wieder einen Stuhl-Sitzkreis um das blaue Tuch. Auf dem Tuch liegen, wie bereits am zweiten Tag, der Sprechstein sowie leere Wort-Kärtchen und ein blauer Filzschreiber. Der Schulseelsorger nimmt den Sprechstein und fragt die Schüler, wie sie den vorangegangenen Tag erlebt haben. Die Schüler haben erneut die Gelegenheit, ihre Gedanken zu beschreiben. Sie reflektieren, wie sie die bisherige Zeit nach der Todesnachricht erlebt haben und wie sie sich am dritten Morgen danach fühlen. Wer möchte, darf einen Begriff für seine derzeitigen Gefühle mit einem blauen Filzschreiber auf ein Wort-Kärtchen schreiben und auf das Gefühls-Plakat des ersten Trauertages kleben.[73] Diese Schüleräußerungen geben dem Schulseelsorger wichtige Hinweise für seine weitere seelsorgliche Arbeit in der Klasse; er erhält auf diese Weise wesentliche Informationen dazu, ob sich das Gefühlschaos des ersten Trauertages bei den einzelnen Schülern beruhigt hat oder ob er einzelnen Schülern ergänzende Angebote neben der regulären Trauerarbeit anbieten sollte.

---

[73] Siehe Abschnitt 4.2.1.3 Unsere Gefühle sind durcheinander – aber wir sind nicht allein damit. Wir benennen sie, sammeln sie auf einem Plakat und tauschen uns darüber aus.

Material des Trauer-Koffers
- ➤ Blaues Tuch
- ➤ Sprechstein
- ➤ Blauer Filzschreiber
- ➤ Gefühls-Plakat des ersten Trauertages
- ➤ Leere Wort-Kärtchen

4.1.3.2 *Du wirst beerdigt – wir begleiten dich dabei und nehmen Abschied. Wir fragen uns: Wie ist das mit dem Tod – und bereiten uns auf die Teilnahme an der Beerdigung vor*

Erschließung des Themas durch Einsatz eines Films

Um den Schülern ihre Angst vor dem Tod zu nehmen und ihnen ein realistisches Bild von einer Beerdigung zu vermitteln, eignet sich in dieser Phase des Trauerprozesses besonders gut der Einsatz des Films: „Wie ist das mit dem Tod?" aus der Filmreihe „Willi will's wissen".

Inhalt

Der Film umfasst sechs Sequenzen und dauert insgesamt 24 Minuten. Der junge Mann Willi führt durch das Geschehen des Films. Die erste Sequenz informiert die Schüler über das Berufsbild eines Bestatters und präsentiert ihn bei seinen Tätigkeiten. In der zweiten Sequenz spricht Willi mit einem Seelsorger über die Frage „Wie ist das mit dem ewigen Leben?". In der dritten Sequenz lernen die Schüler einen alten herzkranken Mann und seinen Sohn kennen. Der alte Mann weiß, dass er am Ende seines Lebens angekommen ist und bald sterben wird. Er äußert sich zu seiner momentanen Lebenssituation. Die vierte Sequenz zeigt zwei gleichaltrige Kinder, die gerade das Grab ihres Onkels pflegen. Sie unterhalten sich mit Willi über ihre Erfahrungen mit dem Tod und beschreiben ihre Gefühle, die sie bei der Beerdigung ihres Onkels hatten.

In der nächsten Sequenz werden ausschnittsweise Elemente der Beerdigung einer alten Frau gezeigt. An den Ritualen der Beerdigung erkennt man, dass die Frau katholisch ist. Am Ende des Films beschreibt der Seelsorger in der sechsten Sequenz mithilfe einer Pflanze den häufig langen Trauerweg eines Menschen.

Bewertung

Die Inhalte dieses Films verknüpfen sich mit den Inhalten und Symbolen der vorangegangenen Traueraufgaben des Trauer-Koffers und vertiefen sie. Es werden im Film visuelle Symbole gezeigt, die von den Schülern wiedererkannt werden: zum Beispiel ein langer Weg als Lebensweg eines Menschen, die Hände als Erkennungsmerkmale für das Alter eines Menschen, die Tränen als Zeichen für Traurigkeit. Diese Symbole schaffen eine emotionale Brücke zu den vorangegangenen Traueraufgaben.

Der Film greift das Sachinteresse der Schüler auf, indem er Fragen von Grundschülern zum Thema „Tod und Sterben" direkt anspricht und beantwortet, ohne dabei Sachverhalte zu verschleiern. Somit spiegelt der Film die Grundhaltung der schulseelsorglichen Trauerbegleitung wider, macht für Schüler erkennbar deutlich, dass das Sterben zum Leben dazugehört (Angebot 5) und trägt dazu bei, die Angst der Schüler vor dem Tod zu verringern. Auch die musikalische Untermalung, die Ausstrahlung der Personen und die Kameraführung tragen dazu bei, dass die Schüler in ihrer Gefühlswelt angesprochen werden.

Dieser Film bereitet die Schüler auf die Teilnahme an der Beerdigung ihres Mitschülers vor. Sachinformationen werden sprachlich und visuell so vermittelt, dass sie für die Schüler dieser Altersgruppe gut verständlich und ansprechend sind. Der junge Mann Willi führt verständlich durch das Geschehen des Films, ist auf der Suche nach einer Antwort auf die Frage „Wie ist das mit dem Tod?"

Klischeehafte Vorstellungen über das Aussehen und Berufsbild eines Bestatters werden durch einen jungen, sympathisch wirkenden Bestatter im Film widerlegt. Die Gefühle der Schüler können durch diesen Inhalt und durch die Gestaltung auf unterschiedliche Art und Weise angesprochen werden. Der Film lässt Raum für Normalität und Traurigkeit, er befriedigt die Neugier auf Sachwissen und berührt zugleich die Seele der Schüler.

120

Vorbereitung und Planung

Der unterrichtliche Einsatz dieses Films erfolgt in drei Schritten: Planung, Durchführung – also methodischer Einsatz – und Reflexion.[74] Der Film muss funktionsgerecht eingesetzt werden. Da er insgesamt 24 Minuten dauert und die Schüler unterschiedlichen Personengruppen begegnen, wird der Film aus didaktischen und methodischen Gründen in drei Abschnitten gezeigt und bearbeitet:

1. Abschnitt: Sequenzen eins bis zwei (bis Minute 11)
2. Abschnitt: Sequenzen zwei bis vier (bis Minute 15)
3. Abschnitt: Sequenzen vier bis sechs (bis Minute 24)

Die Schüler sitzen im Halbkreis vor der Leinwand. Nach jedem Abschnitt erfolgt ein gelenktes Unterrichtsgespräch. Damit die Schüler den Film gut sehen können, sollte der Raum zwar etwas verdunkelt, aber nicht völlig abgedunkelt werden. Dunkelheit kann auch Angst erzeugen. Weil dieser Film sehr emotional ist und die Schüler direkt mit dem Tod und somit auch mit ihren derzeitigen Fragen, Sorgen und Ängsten konfrontiert werden, sollten sie die Möglichkeit haben, den Raum jederzeit verlassen zu können. Verlässt ein Schüler den Raum, darf er auf dem Flur nicht allein gelassen, sondern muss von einer erwachsenen Bezugsperson betreut werden. Daher sollte dieser Film zusammen mit dem Klassenlehrer und dem Schulseelsorger beziehungsweise anderen Betreuungspersonen gemeinsam angeschaut werden.

Methodischer Einsatz

Damit die Schüler auf den Inhalt des Films vorbereitet sind, nennt der Schulseelsorger als Impuls vor Beginn des Films den Titel „Wie ist das mit dem Tod?". Die eigentliche Filmvorführung setzt sich aus dem Filmerleben und der Filmauswertung zusammen. Das Erleben dieses Films ist maßgeblich für den weiteren Lernpro-

---

[74] Vgl. Kroll, Thomas: Umgang mit Filmen. In: Bitter, Gottfried, Rudolf Englert, Gabriele Miller u.a. (Hrsg.): Neues Handbuch religionspädagogischer Grundbegriffe, München, 2006, 498.

zess.[75] Da der Einsatz eines Films generell einen Austausch über das Gesehene und eine Auseinandersetzung mit den erlebten Filminhalten erfordert,[76] schließt sich an jeden gesehenen Filmabschnitt eine gemeinsame Auswertungsphase an.[77] Die Schüler äußern ihr subjektives, emotionales Filmerleben und haben Gelegenheit, persönliche Fragen zum Inhalt des Films zu formulieren. Anschließend greift der Schulseelsorger bestimmte Inhalte auf und vertieft sie.

Erster Abschnitt
Der Film beginnt mit einem Vorspann, in dem der Titel nochmals genannt und als Schriftzug eingeblendet wird. Bevor Willi einen Friedhof besucht, werden die Schüler durch Naturbilder, Einblendungen von Grabsteinen und durch leise Instrumentalmusik eingestimmt. Falls einige Schüler noch nie auf einem Friedhof waren, bekommen sie durch den Film einen ersten Eindruck davon, wie es dort aussieht und begegnen somit später den Gräbern und Grabsteinen während der Beerdigung ihres Mitschülers nicht zum ersten Mal.

Auf dem Friedhof trifft Willi einen Bestatter, der zusammen mit zwei Kollegen gerade ein Grab aushebt. Die Schüler sehen, dass die Bestatter in diesem Film ganz normale junge Menschen sind, die ihrer Arbeit gut gelaunt nachgehen. In ihrer Fachsprache sagen sie, dass sie ein „Grab öffnen". Willi, und somit auch die Schüler, erfahren hierbei, dass in diesem Grab morgen eine Frau beerdigt werden soll. Der Bestatter erklärt, dass ein Grab laut gesetzlicher Vorschrift rund zwei Meter tief ausgehoben werden müsse.

Danach nimmt der Bestatter Willi mit in sein Bestattungsinstitut. Dort lernen die Schüler weitere Bereiche seiner Arbeit kennen und erhalten einen Eindruck davon, was mit dem Leichnam eines Menschen nach dem Tod passiert: Er wird von einem Bestatter abgeholt, gewaschen, angezogen und in einen Sarg gebettet. Willi

---

[75] Vgl. Kroll, Thomas: Umgang mit Filmen, München, 2006, 498.
[76] Vgl. ebd., 497.
[77] Vgl. ebd., 489.

hilft dem Bestatter beim Auspolstern und Auskleiden eines Sarges – dem letzten Ruhebett eines Menschen. Dabei fragt Willi den Bestatter, ob er Angst vor dem Tod habe. Dieser vereint seine Frage: Vor dem Tod selbst habe er zwar keine Angst, aber davor, woran er vielleicht sterben muss.

Diese Äußerung wird im weiteren Verlauf des Films von einem Seelsorger bekräftigt. So lernen die Schüler unterschiedliche Menschen kennen, die sich vor dem Tod nicht fürchten – und ihnen somit vielleicht einen Teil ihrer eigenen Angst nehmen können. Nachdem der Sarg ausgekleidet und mit einem Schmuckband verziert worden ist, begleitet Willi den Bestatter in einen mit elektrischen Kerzen erleuchteten Verabschiedungsraum. Er erklärt, dass dies ein Raum sei, in dem die Familie und die Freunde des Toten den Leichnam in einem offenen Sarg noch einmal sehen und sich von ihm verabschieden können. Durch eine sensible Kameraführung werden die Schüler ganz behutsam mit in den Verabschiedungsraum genommen. Zuerst sehen sie nur den unteren Teil des Sarges, dann den Sarg mit einer Hand des Toten. Schließlich richtet sich die Kamera – aus einer noch distanzierten Einstellung – auf den gesamten Leichnam, der zwar sehr bleich, aber dennoch ganz friedlich und erlöst wirkend im Sarg aufgebahrt ist. Der Verabschiedungsraum strahlt in diesem Film eine ruhige, würdevolle und warme Atmosphäre aus, sodass den Schülern ihre Beklemmung vor dem Betreten eines solchen Raumes genommen wird.

Erneut stellt Willi dem Bestatter ganz direkte Fragen über seine Arbeit, sodass die Schüler grundlegende Sachinformationen erhalten; beispielsweise, dass es gesetzlich vorgeschrieben ist, in der Regel einen Leichnam nach 96 Stunden, also vier Tage nach dem Tod, zu beerdigen. Willi fasst ganz behutsam die Hand des aufgebahrten Mannes an und beschreibt seine Eindrücke. So erfahren die Schüler, wie sich ein Leichnam anfühlen kann: kalt und ohne Pulsschlag. Die Schüler beobachten Willi im Film, wie er sich gemeinsam mit dem Bestatter von dem Toten verabschiedet. Beide verschließen gemeinsam behutsam den Sarg mit seinem Deckel. Die Schüler wissen nun, wie ein Leichnam in einem Sarg liegt und können sich bei der anstehenden Beerdigung vorstellen, wie es im geschlossenen Sarg ihres verstorbenen Mitschülers aussieht. Er wird dort angezogen, zugedeckt und ganz entspannt liegen, als ob er schläft.

An dieser Stelle wird der Film zum ersten Mal unterbrochen, die Schüler äußern ihre Gedanken, Gefühle und Fragen zum ersten Filmabschnitt. Damit ihre Äußerungen nicht wie ein Blitzgewitter aufeinander folgen, sondern jeder Zeit hat, die Worte seiner Mitschüler auf sich wirken zu lassen und mit seinen eigenen Gedanken und Gefühlen zu vergleichen, wird nach dem Ritual des Sprechsteins verfahren. Haben die Schüler ihre Gedanken und Gefühle geäußert, werden ausgewählte Inhalte des Films durch gezielte Bildimpulse, beispielsweise aus dem Buch „Warum steht auf Opas Grab ein Stein? Beerdigungsbräuche erklärt von und für Kinder"[78], zusätzlich noch vertieft. In einem ersten Schritt beschreiben die Schüler jeweils, was sie auf dem Bild sehen, und verbinden es anschließend mit ihrem Vorwissen einschließlich der Aussagen des Filmausschnitts. In einem dritten Schritt werden gemeinsam folgende Sachverhalte geklärt.

1. Der Friedhof
   - Auf einem Friedhof werden verstorbene Menschen beerdigt.
   - Auf einem Friedhof finden verstorbene Menschen ihre letzte Ruhestätte.
   - Ein Friedhof ist ein Ort der Erinnerung. Familie und Freunde können das Grab des Verstorbenen auf dem Friedhof jederzeit besuchen und dabei ungestört an die verstorbene Person denken.
2. Das Grab
   - Ein Grab befindet sich auf dem Friedhof.
   - In ein Grab wird der Sarg hineingelassen.

---

[78] Butt, Christian: Warum steht auf Opas Grab ein Stein? Beerdigungsbräuche erklärt von Kindern für Kinder, Stuttgart, 2010.

- Das Grab wird vor der Beerdigung von einem Bestatter geöffnet.
- Ein Grab muss mindestens 1,80 Meter tief sein.

3. Der Sarg
- Ein Sarg ist das letzte Ruhebett eines Menschen.
- Es ist ein christlicher Brauch, dass die Hände des Toten gefaltet werden.
- In einem Sarg wird der Leichnam transportiert, in der Verabschiedungshalle aufgebahrt und bei der Beerdigung ins Grab hinuntergelassen.
- Die meisten Särge bestehen aus braunem, schwarzem oder weißem Holz.
- Ein Sarg wird von innen ausgepolstert und mit einem Tuch ausgelegt.
- In der Regel wird ein Sarg erst kurz vor der Beerdigung geschlossen. Bei manchen Beerdigungen ist der Sarg auch während des Trauergottesdienstes noch geöffnet.

4. Aufgabenbereiche eines Bestatters
- Das Wort „Bestatter" ist eine Berufsbezeichnung.
- Ein Bestatter öffnet das Grab und bereitet den Sarg für einen verstorbenen Menschen vor.
- Ein Bestatter holt den Toten von seinem Zuhause beziehungsweise aus dem Krankenhaus ab und bringt ihn ins Bestattungsinstitut.
- Im Bestattungsinstitut wird der Leichnam von dem Bestatter gewaschen, festlich angezogen und im Sarg eingebettet.

Zweiter Abschnitt

Der zweite Filmabschnitt beginnt mit Willis Frage an den Bestatter: „Wie ist das eigentlich mit dem Leben nach dem Tod?" Zur Beantwortung dieser Frage schickt der Bestatter Willi zu einem Seelsorger. Begleitet durch leise Instrumentalmusik, werden die Schüler im Film mit zu einem Seelsorger genommen und begegnen ihm auf Treppenstufen am Ende eines Weges, der in einen See führt. Weg samt Treppe stehen symbolisch für den Lebensweg eines Menschen. Der Film greift an dieser Stelle das Angebot 9 des Trauer-Koffers auf, in dem das Leben eines Menschen als Weg beschrieben wird. Mit klaren und deutlichen Worten erfahren die Schüler nochmals vom Seelsorger, dass jedes Lebewesen einmal sterben muss, so wie sie es in Angebot 5 des Trauer-Koffers selbst herausgearbeitet haben. Der Seelsorger sagt Willi ganz klar, dass er nicht weiß, was konkret nach dem Tod kommt, dass Christen jedoch auf ein Leben bei Gott hoffen.

Schließlich lernen die Schüler im Film Herrn W. kennen, einen alten herzkranken Mann, der am Ende seines Lebens steht. Hier könnte sich wieder ein Bezug zum Angebot 5 des Trauer-Koffers ergeben: Die Männerhand des dritten Bildes aus Angebot 5 könnte die Hand von Herrn W. sein. Auch hier verzahnen sich die Inhalte des Films mit den bisherigen Inhalten der Trauerarbeit, sie werden wiederholt und vertieft. Herr W. sagt, dass er keine Angst vor dem Tod habe. Es wird aber auch deutlich, dass es ihm schwer fällt, sich von seinen Angehörigen zu verabschieden. Wie auch die Schüler in ihrer Trauer um den verstorbenen Mitschüler, so weint nun auch Herr W. bei den Gedanken, dass er seinen Sohn bald verlassen wird. Der Film spiegelt auch an dieser Stelle die Grundhaltung der gesamten schulischen Trauerarbeit wider: Jeder darf seine Gefühle offen zeigen, traurig sein und jederzeit weinen.

Der Film wird erneut unterbrochen. Der Schulseelsorger legt das Hände-Bild der beiden alten Menschen aus Angebot 5 des Trauer-Koffers sowie ein Paket Taschentücher in die Mitte des Sitzkreises. Mithilfe des Rituals des Sprechsteins äußern die Schüler ihre Gedanken, Gefühle und Fragen zu diesem zweiten Filmabschnitt. Mögliche Schülerfragen sind: „Was ist ein Seelsorger?" Oder: „Warum muss jedes Lebewesen einmal sterben?" Gemeinsam versuchen sie, mit dem Schulseelsorger eine Antwort darauf zu finden.

Dritter Abschnitt
Zu Beginn dieses Abschnittes lernen die Schüler zwei Kinder kennen, die etwa in ihrem Alter sind. Willi begegnet ihnen auf dem Friedhof. Die Kinder beschreiben, wie sie sich bei der Beerdigung ihres Onkels gefühlt haben, und bereiten die Schüler somit auf

mögliche eigene Gefühle während der Beerdigung ihres Mitschülers vor. Der Junge sagt, dass es ihm geholfen habe, zu weinen.

Dieser letzte Teil des Films macht die Schüler mit dem Ritual einer Beerdigung bekannt und bereitet sie auf die Beerdigungsfeier vor. Es wird die alte Frau beerdigt, für die zu Beginn des Films das Grab geöffnet wurde.

Die Schüler lassen – nachdem der Film vorbei und der Raum wieder hell ist – die vielfältigen Eindrücke des dritten Filmabschnitts auf sich wirken. Der Schulseelsorger legt das blaue Tuch, die große weiße Stumpfkerze mit dem Untersetzer und die Sonnenblume vom Platz des verstorbenen Mitschülers in die Mitte des Sitz-Halbkreises. Der verstorbene Mitschüler ist nun symbolisch in ihrer Mitte. Die Schüler äußern ihre Gedanken zum letzten Filmausschnitt und beschreiben ihre Gefühle. Durch das Sammeln des Vorwissens und der Vorerfahrungen soll deutlich werden, welches Wissen die Schüler bereits über Beerdigungen haben.

Mit diesem dritten und somit letzten Filmabschnitt werden die Schüler gezielt auf ihre Teilnahme an der Beerdigung vorbereitet, indem die im Film gezeigten Elemente erneut durch Bild-Impulse aus dem Buch „Warum steht auf Opas Grab ein Stein? Beerdigungsbräuche erklärt von und für Kinder" aufgegriffen und vertieft werden.

1. Was ist eine Beerdigung, wann findet sie statt?

   - Eine Beerdigung ist ein Trauerritual, bei dem die Hinterbliebenen vom Verstorbenen endgültig Abschied nehmen.

   - Die Beerdigung findet frühestens drei Tage nach dem Todestag statt. Der gesetzlich vorgeschriebene Termin: in der Regel 96 Stunden nach Eintreten des Todes, also am vierten Tag.

   - Eine christliche Beerdigung wird von einem Pastor, einer Pastorin oder einem Pfarrer gehalten.

2. Wie verläuft eine christliche Beerdigung?

- Zu Beginn der Beerdigung versammeln sich die Trauernden zu einem Trauergottesdienst in der Kapelle des Friedhofs.

  In der Kapelle steht der Sarg, er ist mit Blumen geschmückt, um den Sarg herum stehen Blumensträuße und liegen Kränze.

  In der gottesdienstlichen Feier wird das Vertrauen in Gott zum Ausdruck gebracht, das stärker ist als der Tod.[79]

  Der Pastor hält eine Ansprache, in der aus dem Leben des Verstorbenen erzählt wird. Es wird gemeinsam gesungen und gebetet.

- Bei einer Erdbestattung gehen am Ende der Trauerfeier alle gemeinsam zum Grab.

- Der Sarg wird in das Grab gelassen, der Pastor nennt den Namen des Verstorbenen, wirft als sichtbares Zeichen des Abschieds drei Schaufeln mit Erde auf den hinab gelassenen Sarg, spricht dabei die Bestattungsworte und erinnert damit an die Schöpfungserzählung der Bibel „Aus der Erde sind wir genommen. Zur Erde sollen wir werden. Erde zu Erde, Asche zu Asche und Staub zu Staub."

  Die Trauernden gehen einzeln oder in kleinen Gruppen an das offene Grab und werfen eine Schaufel Erde, Blütenblätter oder Blumen hinein. Der Erdwurf steht für das Zudecken des Verstorbenen.

  Anschließend gehen alle Trauergäste zur Familie des Verstorbenen und sprechen ihr Beileid aus – das nennt man kondolieren.

- Nach der Beerdigung lädt die Familie des Verstorbenen zu einem gemeinsamen Kaffeetrinken oder Essen ein.

---

[79] Vgl. Ardey, Karin, Waltraud Hagemann, Gunther vom Stein (Hrsg.): Religion – einmal anders, Paderborn, 1997, 90.

Man nennt dies auch Leichenschmaus. Beim Leichen-
schmaus werden Erinnerungen an den Verstorbenen
ausgetauscht.
-   Nach der Beerdigungsfeier wird das Grab von den Be-
    stattern mit Erde zugeschüttet und mit dem Blumen-
    schmuck der Beerdigungsfeier bedeckt.
3. <u>Welche Kleidung tragen die Trauernden bei einer Beerdigung?</u>
-   In Deutschland tragen die Trauernden in der Regel
    schwarze Kleidung.
-   Diese Kleidung zeigt, dass man traurig ist, und sie
    drückt Betroffenheit aus.
Am Ende des Unterrichtsgesprächs werden das blaue Tuch, die
große weiße Stumpfkerze mit dem Untersetzer und die Sonnenblume aus der Mitte des Sitz-Halbkreises wieder auf den Sitzplatz
des verstorbenen Schülers zurückgestellt.

<u>Die Filmreflexion</u>

Der Schulseelsorger reflektiert abschließend den Einsatz und Umgang mit dem Film „Wie ist das mit dem Tod?" aus der Reihe
„Willi will's wissen". Aus dem Verhalten der Schüler während der
Filmvorführung und den anschließenden Erarbeitungsphasen sam-
melt er Erkenntnisse darüber, in welcher Phase des Trauerprozesses
sich die einzelnen Schüler befinden und ob sie auf die Teilnahme
der Beerdigung ausreichend vorbereitet sind. Er bietet den Schülern
gegebenenfalls zusätzliche Gesprächsangebote an.

Material des Trauer-Koffers
➤   Blaues Tuch
➤   Große weiße Stumpfkerze mit Untersetzter
➤   Vase mit Sonnenblume
➤   Sprechstein
➤   Zwei Pakete Taschentücher
➤ Tasche **A 14**: - Impulsbilder zu den Themen:
                Friedhof, Grab, Sarg, Bestatter, Beerdigung, Trauer-
                kleidung, Hände alter Menschen
➤   <u>Nicht im Koffer</u>: Film: Folge „Wie ist das mit dem Tod?" aus der Reihe
                „Willi will's wissen"

4.1.3.3 Das möchte ich dir noch sagen – Ich gebe dir meine ungesagten Worte und eine Blume mit ins Grab

Nach der theoretischen Thematisierung der Beerdigung durch den Einsatz des Films und der Bild-Impulse bereiten sich die Schüler nun praktisch auf die Teilnahme an der Beerdigung ihres Mitschülers vor.

Nach dem plötzlichen Tod eines Menschen stellen sich die Hinterbliebenen oft vorwurfsvolle Fragen, etwa „Warum konnte ich dem Verstorbenen bestimmte Sachen nicht mehr sagen?" Auch nach dem unerwarteten Tod eines Mitschülers können sich einzelne Schüler durchaus Gedanken darüber machen, was sie ihm gern noch gesagt hätten. Mögliche Fragen und Gedanken sind: „Warum habe ich ihm nicht erzählt, wie sehr ich ihn mag?" „Warum habe ich ihm nicht gesagt, wie gern ich mit ihm spiele?" „Hat er gewusst, wie gern ich sein Freund bin?" „Warum habe ich mich nicht bei ihm entschuldigt?" Oder: „Ich wollte mich nicht mit ihm streiten."

Solche unausgesprochenen Fragen und Gedanken können auf Dauer zu einer erheblichen seelischen Belastung führen. Aus diesem Grund fordert der Schulseelsorger die Schüler auf, sich zu überlegen, ob sie noch ungesagt Worte an x haben. Die können sie dann auf einer blauen, in Form einer Wolke gestalteten Gedankenblase aufschreiben. Der Schulseelsorger erklärt den Schülern, dass Gedanken wie Wolken an einem vorbeiziehen und sich dabei in ihren Formen verändern können. *„Solche Wolken können fest umrissene, weiche und runde Formen haben, ihre Konturen können aber auch, ähnlich wie bei Gedanken, verschwommen oder ineinander verschlungen sein."*

Da es sich bei diesem Angebot um sehr persönliche Aussagen handelt, werden sie weder präsentiert noch ausgestellt. Es sind persönliche, kleine Geheimnisse der Schüler. Wer aber möchte, kann mit dem Schulseelsorger über seine „ungesagten Worte" sprechen.

Am Tag der Beerdigung kann jeder seine Wolke mit einem Faden an eine Blume binden, die er für x mitgebracht hat, und sie dann als letzten Gruß in sein Grab werfen. So geben die Schüler ihre „ungesagten Worte" unmittelbar ihrem verstorbenen Mitschüler als letzten Gruß mit ins Grab – dieser ganz persönliche Gruß erreicht also lediglich denjenigen, für den er bestimmt ist. Kein anderer kann ihn lesen. Bis zur Beerdigung legen die Schüler ihre Wolke in ihre Federmappe oder vertrauen sie dem Schulseelsorger an.

Material des Trauer-Koffers

> Tasche A 15:   - 30 blaue Gedankenblasen in Wolkenform
>   - Schwarzer Bindfaden
> Nicht im Koffer: - Scheren zum Ausschneiden der Wolken
>   - Jeder Schüler bringt eine eigene Blume mit; falls
>   ein Schüler keine Blume mitbringt, hat der
>   Schulseelsorger für ihn eine in Reserve.

4.1.3.4   Wir gestalten eine Schulandacht, in der wir uns an unseren verstorbenen Mitschüler erinnern, unsere Gefühle und Fragen zu seinem Tod ausdrücken

Nach dem Tod eines Schülers wird von der Schulgemeinschaft oft der Wunsch geäußert, innerhalb einer Andacht an den Verstorbenen zu erinnern und im Rahmen der ganzen Schulgemeinschaft gemeinsam Abschied von ihm zu nehmen.[80] Eine Schulandacht ist eine zielgruppenorientierte, religiös motivierte Versammlung aller Schüler und Lehrer zu einem bestimmten Anlass.[81] Durch die persönliche Gestaltung, das gemeinsame Innehalten und das Erinnern während der Andacht werden die Teilnehmer religiös und emotional angesprochen. Damit sie jedoch nicht emotional überfordert werden, müssen im Voraus unterschiedliche Aspekte berücksichtigt werden:[82]

---

[80] Vgl. Baierlein, Ute: Ergänzung zu 6.8 Spirituelle und liturgische Impulse. Anregungen für christliche Trauerfeiern. In: Evangelisch-Lutherische Kirche in Bayern, Katholisches Schulkommissariat in Bayern (Hrsg.): „Wenn der Notfall eintritt" Ein Handbuch für den Umgang mit Tod und anderen Krisen in der Schule, Heilsbronn, 2008, 39.

[81] Vgl. Abesser, Bernd: Schulandachten, Göttingen, 2008, 143f.

[82] Vgl. Baierlein, Ute: Ergänzung zu 6.8 Spirituelle und liturgische Impulse, Heilsbronn, 2008, 39.

1. Die Zusammensetzung des Teilnehmerkreises – wichtig ist, dass die Teilnahme freiwillig bleibt
2. Die voraussichtliche Anzahl der Teilnehmer
3. Das Alter der Teilnehmer, ihre Religionszugehörigkeit und religiöse Sozialisation
4. Der Grad der emotionalen Betroffenheit der Teilnehmer
5. Die Umstände des Todes – unerwartet nach einem Unfall, nach langer Krankheit oder als Opfer eines Gewaltverbrechens
6. Bekanntheitsgrad und Beliebtheit des Verstorbenen innerhalb der Schulgemeinschaft

Die Andacht wird von den Schülern der unmittelbar betroffenen Klasse und dem Schulseelsorger gemeinsam geplant, vorbereitet und durchgeführt.[83] In der Planung stellen sich die Schüler ihren Emotionen und bearbeiten ihre religiösen Fragen, die dann in der Andacht aufgegriffen werden.[84] Damit es einen Hauptverantwortlichen und Ansprechpartner gibt, übernimmt der Schulseelsorger die Leitung.[85]

Die Andacht greift die Inhalte und Arbeitsergebnisse der Trauerarbeit auf. Es findet ein Wechsel von Worten und Stille, symbolhaften Handlungen und Ritualen, instrumentaler Musik und eigenem Gesang statt.[86] Durch die Auswahl der Lieder und Texte soll der Trauer ein persönlicher Ausdruck verliehen werden. Die Andacht greift einzelne Angebote des Trauerprozesses der direkt betroffenen Klasse auf und steht somit in engem Zusammenhang mit der schulischen Trauerarbeit des Trauer-Koffers.

---

[83] Vgl. Jennessen, Sven: Manchmal muss man an den Tod denken, Baltmannsweiler, 2007, 94.

[84] Vgl. Baierlein, Ute: Ergänzung zu 6.8 Spirituelle und liturgische Impulse, Heilsbronn, 2008, 39.

[85] Die Schulleitung und der Musiklehrer sollten in die Planung und Durchführung einbezogen werden.

[86] Vgl. Demmelhuber, Helmut, Achim Wicker: Wie es gehen kann. Eine Gebrauchsanleitung, Ostfildern, 2006, 23.

Skizze für den Ablauf der Schulandacht

1. Versammlung und Ankommen

Ruhiges Eintreten in die Aula, Platznehmen ohne Hektik, leise Instrumentalmusik im Hintergrund, Trauertisch

2. Begrüßung (Schulseelsorger)

Der Schulseelsorger spricht einleitende Worte und führt eine Eröffnungshandlung durch:

„Wir haben uns versammelt, um unsere Trauer und unseren Schmerz über den Tod von x gemeinsam vor Gott zu zeigen. Gott, wir können es nicht glauben, dass x durch (Todesursache) gestorben ist. Sei Platz ist leer. Es tut weh, jetzt Abschied zu nehmen. Wir zünden eine Kerze an als Zeichen dafür, dass wir an x und seine Familie denken.“

Ein Schüler kommt nach vorn und zündet mit einem Stab-Feuerzeug die große weiße Stumpfkerze auf dem Trauertisch an.

3. Lied (gemeinsam)

4. Gebet zum Anlass (Schüler)

S1:   *„Lieber Gott, wir sind sehr traurig über den Tod von x. Wir können noch nicht richtig glauben, dass x von nun an nicht mehr mit uns spielen und lernen wird.“*

S2:   *„Lieber Gott, du bist für uns da, wenn wir glücklich und wenn wir traurig sind. Begleite uns auch in diesen schweren Stunden und hilf uns, gemeinsam von unserem Freund und Mitschüler Abschied zu nehmen.“*

S3:   *„Lieber Gott, wir fragen uns, warum x sterben musste, wir stellen dir unsere Fragen und legen unsere Ängste in deine Hand.“*

S4:   *„Lieber Gott, hilf uns, die Dunkelheit in unseren Herzen zu überwinden, und lass uns deine Liebe spüren.“*

Gemeinsam: *„Amen“*

5. Biblische Lesung und Ansprache Prediger 3, 1-8

(Angebot 17) (Schulseelsorger)

6. „Bist du da?" (Angebot **10**) (Schüler)

Eine Gruppe von Schülern kommt nach vorn. Die Schüler lesen nacheinander ihre selbst verfassten Gedichte nach dem Prinzip „Bist du da?" vor.

7. Stille

Die Teilnehmer lassen das Geschehene auf sich einwirken.

8. Symbolhandlung (Angebot **9** und **11**) (Schüler und Schulseelsorger)

Der Schulseelsorger geht nach vorn, nimmt sich ein Teelicht und zündet es an der großen weißen Stumpfkerze an.

„Lieber Gott, die Kerze, die ich angezündet habe, brennt für x. Sei du ihm nah und umsorge ihn mit deinem Segen."

Im Anschluss daran zünden die Schüler der direkt betroffenen Klasse nacheinander an der großen weißen Stumpfkerze ein Teelicht an und stellen es um die Stumpfkerze herum ab. Dabei tragen sie den Psalmtext aus ihrem Psalm-Mandala vor.

Der Schulseelsorger spricht die Worte: *„Lieber Gott, wir haben diese Kerzen angezündet. Wir lassen unsere Ängste und unsere Trauer bei dir zurück. So wie eine Kerzenflamme erlischt, so soll auch das Schwere zu Ende gehen. Begleite uns und x mit deinem Licht. Amen."*

9. Lied: (gemeinsam)

10. Fürbitte (Angebot **12**) (Schüler und Schulseelsorger)

„Gott, wir bitten dich, sei auch in dieser schweren Zeit bei uns und der Familie von x, halte deine schützende Hand über uns."

Die Schüler der betroffenen Klasse gehen nach vorn. Dort befindet sich auf einer Stellwand der Fürbittenbaum. Die Schüler nehmen nacheinander braunes Baumblatt von dem Baum ab, tragen ihre Fürbitte vor und lassen das Herbstblatt auf die Erde unter den Baum fallen.

Der Schulseelsorger schließt die Fürbitte mit den Worten: *„Gott, wir bitten dich, lass uns nicht an deiner Liebe zweifeln, schenke uns und der Familie von x Trost in dieser traurigen Zeit. Wir bitten dich, sei mit all deiner Liebe bei uns und der*

Familie von x, schenke allen, die ihn geliebt haben, neue Lebenskraft."

11. Vaterunser (gemeinsam)
Die gesamte Schulgemeinschaft spricht zusammen das Vaterunser.

12. Segen oder Segensgebet (Schulseelsorger)
Bitte um Gottes Segen für den Verstorbenen, seine Familie und seine Freunde; Bitte um den Segen für die Schulgemeinschaft.
„Möge der Wind dich sanft streicheln, wenn du traurig bist. Möge die Sonne dich wärmen, wenn es dir schlecht geht. Möge der Regen die Tränen aus deinem Gesicht waschen, die du weinst, wenn du traurig bist.[87] Der Herr segne dich und behüte dich. Er lasse sein Angesicht über dir leuchten und schenke dir Frieden."

13. Lied (gemeinsam)

14. Auszug (leise Instrumentalmusik im Hintergrund)
Alle verlassen klassenweise langsam und ohne zu sprechen die Aula. Im Hintergrund läuft leise Instrumentalmusik.

Material des Trauer-Koffers
- ➢ CD mit Hintergrundmusik
- ➢ CD-Player
- ➢ Trauertisch: blaues Tuch, weiße Stumpfkerze mit Untersetzer, Sonnenblume, Bild des verstorbenen Mitschülers
- ➢ 30 Teelichter
- ➢ Stab-Feuerzeug
- ➢ Liederblätter
- ➢ Gebets- und Segenstext des Schulseelsorgers aus der Lehrermappe, Schülergedichte aus Angebot 10, Psalmtexte aus Angebot 11, Stellwand mit dem Fürbittenbaum aus Angebot 12

---

[87] Vgl. Weidinger, Norbert (Hrsg.): Die schönsten Segenswünsche aus Irland und aller Welt. Segen in unguten Zeiten, Augsburg, 2004, 56.

*4.1.3.5   Langsam spüren wir: Nach der Zeit es Weinens kommt auch
wieder eine Zeit des Lachens*

**Alles, was auf der Erde geschieht, hat seine
von Gott bestimmte Zeit:**
Geborenwerden und sterben, einpflanzen und ausreißen,
weinen und lachen, sich umarmen und sich aus der Umarmung
lösen, sich finden und verlieren, schweigen und reden.
Das Lieben hat seine Zeit und auch das Hassen.[88]

Der Bibeltext weist darauf hin, dass das Leben von unterschiedlichen Phasen bestimmt wird, die durch Gegensätze gekennzeichnet sind. Zum Beispiel gibt es nach Zeiten des Weinens auch wieder Zeiten des Lachens: Wer einen Menschen verliert, findet wieder neue Menschen. Diese Aussagen spenden Trost, greifen die Hoffnung und das Vertrauen aus der Andacht auf und vertiefen sie. Mit diesem Angebot wird die aktive Auseinandersetzung mit dem Tod des Mitschülers abgeschlossen und eine Verbindung zur Aussage des Schriftzugs aus Angebot 5 hergestellt: „Das Sterben gehört zum Leben dazu, wie das Geborenwerden, wie Schmerz und Freud, Leid und Glück." Die Bibelstelle wurde aus didaktischen Gründen auf die Verse mit den Gegensatzpaaren reduziert, die der momentanen Gefühlswelt der Schüler vermutlich am nächsten sind: sterben, ausreißen, weinen, sich aus der Umarmung lösen, sich verlieren, schweigen und hassen.

Erschließen des Bibeltextes:
1. Erfassen des Bibeltextes in seiner Gesamtheit durch Vorlesen und Zuhören.
2. Visuelles Erfassen des Bibeltextes durch Zerlegung in Verse, die jeweils ein Gegensatzpaar nennen.
   Veranschaulichung der Gegensatzpaare durch die Kombination von Text- und Bildkarten.

---

[88] Auszüge aus Prediger 3,1-8.

3. Inhaltliches Erfassen des Bibeltextes durch das Herausfinden der Botschaft, die durch den Text und die Bilder vermittelt wird.

4. Verinnerlichung der Botschaft durch die individuelle Auswahl eines Gegensatzpaares und deren bildliche Darstellung.

5. Präsentation

1. Erfassen des Bibeltextes in seiner Gesamtheit durch Vorlesen und Zuhören

Um aufmerksam zuhören zu können, muss eine Hörbereitschaft vorhanden sein, die von der Unterrichtsatmosphäre und -gestaltung beeinflusst wird. Die Schüler sitzen im Stuhl-Kreis. Damit bei ihnen Neugier auf das kommende Unterrichtsgeschehen geweckt wird, trägt der Schulseelsorger nicht gleich den Bibeltext vor, sondern legt vor jeden Sitzplatz – auch vor seinen eigenen – zunächst eine verdeckte Text- oder Bildkarte aus dem Trauer-Koffer. Dabei gibt er den Hinweis, die Karte erst dann umzudrehen, wenn er dazu auffordert. Erst dann liest er die Auszüge aus Prediger 3, 1-8 laut vor und kann somit davon ausgehen, dass ihm die Schüler mit Interesse zuhören und wissen möchten, was sich auf ihrer Karte befindet.

2. Visuelles Erfassen des Bibeltextes durch Zerlegen in Verse, die jeweils ein Gegensatzpaar nennen, und Veranschaulichung der Gegensatzpaare durch die Kombination von Text- und Bildkarten

Nachdem der Schulseelsorger den Bibeltext vorgelesen hat, deckt er als Impuls seine verdeckte Karte auf, legt sie für alle gut sichtbar in die Mitte des Sitzkreises und liest dann den Text seiner Karte, also die Überschrift, laut vor: *„Alles, was auf der Erde geschieht, hat seine von Gott bestimmte Zeit."* Im Anschluss daran fordert der Schulseelsorger die Schüler dazu auf, dass jetzt jeder seine Karte aufhebt, umdreht und genau anschaut. Die Schüler stellen fest, dass sie entweder eine Text- oder eine Bildkarte erhalten haben.

Die Verskärtchen werden der Reihe nach vorgelesen und jedem Vers zwei entsprechende Gegensatzbilder zugeordnet. Damit die Schüler wissen, wann sie mit dem Vorlesen ihres Verses an der Reihe sind, steht auf jedem Verskärtchen eine kleine Zahl. Der Schulseelsorger fordert den Schüler mit der Textkarte Nummer eins dazu auf, seinen Text laut vorzulesen und die Karte dann in der Mitte des Stuhl-Sitzkreises abzulegen. Nachdem dies erfolgt ist, fragt der Schulseelsorger, ob jemand eine passende Bildkarte zu diesem Text hat und sie unter die Textkarte legen möchte. Die Schüler melden sich und erhalten vom Schulseelsorger das Signal, ihre Bildkarte entsprechend dazu zu legen.

Die Klasse überprüft jetzt, ob es sich um geeignete Karten handelt, und entscheidet dann gemeinsam, ob die Karten dem Text entsprechen und somit liegen bleiben dürfen. Unter jeder Verszeile müssen zwei Bildkarten liegen, die das Gegensatzpaar kennzeichnen. Falls mehr als 21 Schüler in der Klasse sind, kann der Schulseelsorger die Anzahl der Bildkarten erweitern. Dieser Vorgang wiederholt sich, bis alle Verse mit ihren Gegensatzbildern in der Mitte des Sitzkreises liegen. In diesen Bildern zu den Gegensatzpaaren der Verse können sich die Schüler wiederfinden: Sie können sich in die Bilder „hineinsehen" – und dabei ihren individuellen Gedanken folgen.

3. Inhaltliches Erfassen des Bibeltextes durch Herausfinden der Botschaft, die durch den Text und die Bilder vermittelt wird

In einem gelenkten Unterrichtsgespräch arbeiten die Schüler gemeinsam mit dem Schulseelsorger die Botschaft dieses Bibeltextes heraus: Die Verse sind Beispiele dafür, dass das Leben unterschiedliche Phasen hat, die sehr gegensätzlich sein können. Nach schlechten Phasen kommen auch wieder gute Phasen.

4. Verinnerlichen der Botschaft durch die individuelle Auswahl eines Gegensatzpaares und deren bildliche Darstellung

Jeder Schüler sucht sich ein Gegensatzpaar heraus und malt dazu sein Gegensatzbild. In seinem Bild drückt er seine eigenen Vorstellungen und Gefühle dazu aus und macht sie somit sichtbar. Er faltet ein leeres Blatt Papier in der Mitte, sodass zwei gleich große Hälften entstehen. Dann gibt der Schüler jeder Seite des Blattes eine Überschrift, die sich aus seinem ausgewählten Vers ergibt. Beispielsweise:

Zeit zum Weinen	Zeit zum Lachen

Danach malt der Schüler auf der linken Hälfte des Blattes ein Bild zum Thema „Zeit zum Weinen" und auf der rechten Hälfte eines zum Thema „Zeit zum Lachen". Mit diesem Malvorgang gewinnt die eigene Gefühlswelt an Klarheit[89], und der Schüler verinnerlicht, dass es im Leben eines Menschen immer beide Seiten des Blattes gibt: geboren werden und sterben, einpflanzen und ausreißen, weinen und lachen, sich umarmen und sich aus der Umarmung lösen, sich finden und verlieren, schweigen und reden sowie lieben und hassen. Der Schüler gewinnt die Gewissheit, dass sich auch in seinem Leben nach der Zeit des Weines wieder eine Zeit des Lachens anschließen wird.

5. Präsentation

Wie bei allen anderen Angeboten des Trauer-Koffers entscheidet der Schüler selbst, ob er sein Gegensatzbild den anderen vorstellen möchte oder nicht. An die Präsentation kann sich ein Gespräch anschließen, das einzelne Aspekte des Bildes aufgreift. Das Bild selbst sollte jedoch weder positiv noch negativ bewertet oder kommentiert werden, sondern ausschließlich als Gesprächsimpuls dienen.

Material des Trauer-Koffers
 ➢ Tasche **A 17**: - Textvorlage Prediger 3,1-8
   - 7 Verskärtchen Prediger 3,1-8
   - 14 große, laminierte Gegensatzbilder zu Prediger 3, 1-8:
    1. Säugling vs. Friedhof
    2. Hände, die einen Setzling einpflanzen vs. ausgerissener Setzling
    3. Weinende Frau vs. lachendes Kind

---

[89] Vgl. Ilze, Ulrike, Martina Plieth: Tod und Leben, Donauwörth, 2002, 32.

4. Kind, das einen Erwachsenen umarmt vs.
   junge Frau, sich von einer Person abwendet
5. Junge, der glücklich ein Schaf trägt vs.
   alter Mann, der suchend an einem See steht
6. Gesichtsausschnitt mit Finger vor dem Mund vs.
   zwei sich unterhaltende Frauen auf einem Sofa
7. In Sand gezeichnetes Herz vs.
   Silhouette zwei sich streitender Personen
   - 30 Blankoblätter
➢ Nicht im Koffer: Bunt- oder Filzstifte

4.1.4 Du bleibst ein Teil unserer Gemeinschaft und bekommst einen bleibenden Platz in unserer Schule: Wir pflanzen einen Baum für dich

Am Ende der aktiven unterrichtlichen Trauerarbeit innerhalb der direkt betroffenen Klasse einschließlich der Schulgemeinschaft werden die Erinnerungskerze und die inzwischen verwelkte Sonnenblume vom Sitzplatz des verstorbenen Schülers entfernt – auch der Ort der Stille und der Trauer wird so wieder aufgelöst.[90] Die Samen der Sonnenblume werden in einer Schachtel gesammelt.[91] Parallel zur Auflösung dieser sichtbaren Trauer- und Erinnerungsstätte wird ein Baum auf dem Schulgelände gepflanzt. Durch diese symbolische Handlung soll der Verstorbene nicht nur in den Erinnerungen seiner Mitschüler und Lehrer weiterleben, sondern einen sichtbaren, lebendigen und bleibenden Ort innerhalb der Schulgemeinschaft erhalten.[92] Durch den Baum bleibt er symbolisch ein Teil seines bisherigen sozialen Umfelds, also der Schulgemeinschaft. Die Schüler können den Baum – wie ein Grab auf dem Friedhof – zu jeder Zeit besuchen, sich dabei an ihren verstorbenen Mitschüler erinnern und den Baum beim Wachsen beobachten. An besonderen Tagen, wie etwa dem Geburtstag oder Sterbetag des

---

[90] Dieser Schritt muss von dem Schulseelsorger geplant, sorgfältig vorbereitet werden und mit den Schülern der direkt betroffenen Klasse gemeinsam durchgeführt werden.
[91] Siehe Abschnitt 4.2.1.1 Du bist tot – Wir erfahren die Todesnachricht in der Schul- oder Klassengemeinschaft.
[92] Vgl. Witt-Loers, Stephanie: Sterben, Tod und Trauer in der Schule, Göttingen, 2009, 24.

Mitschülers, kann die Klasse entweder das Grab oder den Baum besuchen, gemeinsam an ihn denken und somit erleben, dass ihr Mitschüler nicht in Vergessenheit gerät.

Der Sitzplatz des Verstorbenen im Klassenraum sollte nicht einfach wieder neu besetzt werden – denn er bliebt zunächst weiter besetzt.[93] Erst nachdem die Sitzordnung insgesamt in der Klasse umgestellt worden ist, zum Beispiel nach dem Pflanzen des Baumes oder nach den nächsten Ferien, bleibt kein Stuhl im Raum mehr leer.

4.1.5 Eine Schule trauert - die Gestaltung der Trauerarbeit für die gesamte Schulgemeinschaft

Abgesehen von der direkt betroffenen Klasse müssen auch die anderen Schulmitglieder eine Möglichkeit des längeren Trauerns und Abschiednehmens von dem verstorbenen Mitschüler erhalten. Aus diesem Grund sollte – für eine begrenzte Zeit – ein sichtbarer Ort des Gedenkens, der Stille und der Trauer im Schulgebäude eingerichtet werden: ein Raum, in dem man allein oder in kleinen Gruppen seiner Trauer individuell Ausdruck geben kann.

Solch ein Raum der Stille ist kein Ruheraum, sondern ein Ort der inneren Einkehr und Besinnung, des Erinnerns, Abschiednehmens und Hoffens.[94] In seiner ruhigen Atmosphäre können die Trauernden innerlich zur Ruhe kommen, sich dem Verstorbenen und Gott in ihren Gedanken ungestört zuwenden. Dieser Raum muss jedoch kein Ort der absoluten Lautlosigkeit sein; es kann dort auch leise Hintergrundmusik spielen, man kann gemeinsam singen und beten.

Weil die Lage eines derartigen Raums auch etwas über seine Wertigkeit aussagen kann,[95] sollte innerhalb der Schulgemeinschaft vorher gut darüber nachgedacht werden, welches Zimmer sich

---

[93] Vgl. Barkowski, Thomas: 5.3 Unterstützen, Heilsbronn, 2008, 18.

[94] Vgl. Husmann, Bärbel: Räume der Stille. In: Koerrenz, Ralf, Michael Wermke (Hrsg.): Schulseelsorge, Göttingen, 2008, 168.

[95] Vgl. Husmann, Bärbel: Räume der Stille, Göttingen, 2008, 171.

dafür besonders eignet. Herrscht in der Schule räumliche Enge und ist daher kein leeres Zimmer vorhanden, sollte ein geeigneter Raum für diese Trauerarbeit umfunktioniert werden. Er müsste einerseits für die gesamte Schulgemeinschaft gut zugänglich sein. Anderseits muss auch daran gedacht werden, dass einzelne Schüler ihn nicht immer vor Augen haben möchten, diesem Raum also aus dem Weg gehen und frei entscheiden wollen, ob sie ihn aufsuchen möchten oder nicht. Damit der Raum eine angenehme Atmosphäre ausstrahlt, sollte das Licht gedämpft und der Boden mit einem Teppich ausgelegt sein. Ein Teil der Stühle müsste in einem Sitz-Halbkreis angeordnet werden, der andere Teil so platziert sein, dass sich auch einzelne Schulmitglieder allein oder zu zweit dort hinsetzen können. Auf einem Gedenktisch sollte sich ein Foto des Verstorbenen befinden und ein Erinnerungsbuch liegen.[96] In diesem Buch können Wünsche formuliert, Bilder gemalt oder Fotos von gemeinsamen Erlebnissen eingeklebt sowie den Angehörigen Trost und Mitgefühl ausgesprochen werden. Das Erinnerungsbuch wird den Eltern des verstorbenen Schülers auf der Beerdigung oder wenige Tage danach durch den Klassenlehrer oder den Schulseelsorger übergeben.[97] Ein zweiter Bestandteil der Trauerarbeit für die gesamte Schulgemeinschaft ist die schulische Andacht.[98]

---

[96] In dem Trauer-Koffer befindet sich auch ein Kondolenzbuch. Sein Cover ist in blautönen gehalten und deutet zwei Kreuze an.

[97] Es ist durchaus denkbar, dass auch MitschülerInnen bei der Übergabe des Kondolenzbuchs an die Eltern des verstorbenen Schülers dabei sind.

[98] Siehe 4.2.3.4 Wir gestalten eine Andacht, in der wir uns an unseren verstorbenen Mitschüler erinnern, unsere Gefühle und Fragen zu seinem Tod ausdrücken.

5 Fazit: Schulseelsorge – ein zukunftsorientiertes seelsorgliches Arbeitsfeld der Evangelischen Kirche im Lern- und Lebensraum Schule

„In Ihrer Suche nach Sinn, Orientierung, Entlastung und Rat benötigen diese Menschen eine Kirche, die nicht nur unterrichtet, sondern auch in der (Schule)Seelsorge und beim gemeinsamen Feiern in gottesdienstlichen Formen den Trost des Evangeliums und das offene Ohr Gottes über menschliche Begegnungen erlebbar macht."[1]

Schulseelsorgliche Konzepte können mit Blick auf die aktuelle bildungspolitische Diskussion, bei Fragen der Gewichtung von Unterricht und Schulleben sowie bei der Gestaltung eines Schulprofils und dem ihm zugrunde liegenden Menschenbild wichtige Lösungsansätze bieten. Evangelische Schulseelsorge setzt entscheidende Impulse für innere Schulentwicklungsprozesse[2] und leistet – begründet durch ihre christliche Verantwortung gegenüber anderen Menschen – einen wesentlichen Beitrag zur Humanisierung des gesamten Schullebens, da ihre Angebote auf menschlicher Nähe und persönlicher Fürsorge basieren.[3] Wird christlicher Glaube im Lern- und Lebensraum Schule sichtbar,[4] fördert Schulseelsorge nachhaltig lebendige, menschenfreundliche Schulkulturen.[5]

Die vom christlichen Glauben motivierten religiös-ethischen Angebote der schulseelsorglichen Arbeitsformen bieten den Schülern in ihrem zumeist hektischen Schulalltag ausreichend Räume, in denen sie als Individuum ernst genommen und – entsprechend dem Verständnis des Begriffs „Seele" – als ganzer Mensch gesehen werden, frei von Leistungsdruck zur Ruhe kommen und Geborgenheit spüren dürfen. Schulseelsorgliche Angebote schaffen

---

[1] Ziegler, Gerd W.: Der LAK meldet sich zu Wort, Stuttgart, 2009, 8.
[2] Vgl. Dinter, Astrid: Rechtliche und strukturelle Rahmenbedingungen, Göttingen, 2008, 71.
[3] Vgl. Dam, Harmjan, Lothar Jung-Hankel: Schulseelsorge und schulnahe Jugendarbeit, Göttingen, 2008, 60.
[4] Vgl. Otte, Matthias: Gleitwort, Münster, 2007, 9.
[5] Vgl. Baumann, Ulrike: In der Schulseelsorge beziehungsfähig sein, Münster, 2009, 65.

somit Schutzräume innerhalb des turbulenten Schullebens, in denen die Schüler auf Menschen treffen, die für sie Zeit haben, sie auf ihrem Weg begleiten möchten und gegenüber denen sie ihre Sorgen, Ängste, religiösen und menschlichen Probleme jederzeit frei äußern können.[6] Indem die schulseelsorglichen Angebote der vier Arbeitsformen allen Schulmitgliedern ständig zur Seite stehen, wird durch sie das mitmenschliche Klima innerhalb einer Schule positiv verändert.[7]

Ein weiteres Ziel schulseelsorglicher Arbeit ist die Eröffnung religiöser Erlebnis- und Erfahrungszonen im Schulleben. Fragen nach dem Sinn des Daseins und nach Gott, sowohl in guten als auch in schwierigen Zeiten, sollen gefördert und zugelassen werden.[8] Auch durch religiöse Elemente und Rituale, beispielsweise das gemeinsame Feiern von Gottesdiensten und Andachten, wird ein aktiver Beitrag zur Gestaltung eines möglichst harmonischen Schullebens geleistet.

Evangelische Schulseelsorge reagiert nicht nur auf die aktuellen Bedürfnisse und Konflikte einer Schulgemeinschaft: Sie trägt permanent maßgeblich dazu bei, mit ihren seelsorglichen Angeboten praktikable Strukturen innerhalb der Institution Schule zu schaffen,[9] auf deren Basis im alltäglichen Schulleben in aller Ruhe und auf einer werteorientierten Gestaltung positive menschliche Beziehungen möglich sind.[10]

Besonders in Krisensituationen – wie dem plötzlichen Tod eines Schülers – leisten die Angebote dieser Schulseelsorge einen zentralen Beitrag zur aktiven Gestaltung des schulischen

---

[6] Vgl. Wild, Klaus: Schulseelsorge als Beitrag zur inneren Schulentwicklung. In: Dam, Harmjan, Matthias Spenn (Hrsg.): Evangelische Schulseelsorge. Hintergründe, Erfahrungen, Konzeptionen, Münster, 2007, 66f.

[7] Vgl. Sendler-Koschel, Birgit: Ein offenes Ohr für Schülerinnen und Schüler, Stuttgart, 2009, 6.

[8] Vgl. Demmelhuber, Helmut: Schulseelsorge und Sozialarbeit, Göttingen, 2008, 59.

[9] Zu den förderlichen Strukturen der Institution Schule zählen unter anderem das Füreinander-Dasein innerhalb der Schul- oder Klassengemeinschaft sowie gemeinsame Freude und Trost.

[10] Vgl. Schneider- Harpprecht, Christoph: Gleitwort, Münster, 2009, 5.

Trauerprozesses. Voraussetzung für eine systematische und zeitnahe Gestaltung schulischer Trauerarbeit ist die präventive Auseinandersetzung mit dem Thema „Sterben, Tod und Trauer" sowie die Erarbeitung eines Konzepts zur schulinternen Notfallseelsorge, das im Voraus bereits Verantwortlichkeiten definiert, organisatorische Abläufe festlegt und somit im Ernstfall eine wesentliche Handlungsorientierung für die Verantwortlichen ist.

Einer der tragenden Bausteine eines solchen schulinternen Notfallseelsorge-Konzepts ist der schulseelsorgliche Trauer-Koffer. Er enthält – zu jeder Zeit griffbereit – unterrichtliche Angebote mit methodischen Vorschlägen für die praktische Gestaltung des schulischen Trauerprozesses nach dem plötzlichen Tod eines Schülers. Die Angebote des Trauer-Koffers begleiten die Trauernden bei allen Schritten ihres Trauerprozesses, zeigen beispielhaft handlungsorientierte Wege der Auseinandersetzung und Verarbeitung mit der Trauer auf, leisten einen wichtigen Beitrag für das weitere Zusammenleben innerhalb der Schulgemeinschaft und vermitteln individuelle Hilfeleistungen für das Leben der Einzelnen nach dem Tod eines Mitschülers. Der Trauer-Koffer bietet sicht- und greifbare Medien, zum Beispiel einen Sprechstein, Fußspuren oder Kerzen, mit deren Hilfe schulische Trauerarbeit symbolisiert, für Schüler erfassbar und nachvollziehbar wird. Er ist die praktische Grundlage, um seelische Empfindungen begreifbar zu machen, vereinfacht mit konkreten Gegenständen abstrakte Trauerabläufe.

Da es sich bei der Schulseelsorge um ein junges kirchliches Arbeitsfeld handelt, müssen sowohl von schulischen als auch von kirchlichen Institutionen noch grundlegende organisatorische und konzeptionelle Arbeiten geleistet werden – möglichst in enger Zusammenarbeit.

Ein Religionslehrer oder ein Pastor, der dem speziellen Lehrerprofil eines Schulseelsorgers entsprechen soll, muss sich – beispielsweise in Fortbildungskursen – mit hierfür spezifischen Themenfeldern auseinandersetzen und entsprechende praxisorientierte Techniken erwerben, darunter vor allem das Führen von seelsorglichen Kurzgesprächen.

Zeitintensive Fortbildungskurse sind angesichts knapper Lehrerstellen und steigender Arbeitsverdichtung im pädagogischen Alltag langfristig allein keine Basis, um schulseelsorgliche Arbeit sowohl inhaltlich als auch praktisch auf ein wirklich professionelles Fundament zu stellen. Evangelische Schulseelsorge als ein christliches Arbeitsfeld der evangelischen Kirche im staatlichen Lern- und Lebensort Schule gewinnt im praktischen Schulalltag dennoch stetig an Bedeutung: Nicht nur in Krisensituationen, zum Beispiel beim plötzlichen Tod eines Schülers, ist eine qualifizierte Schulseelsorge gefragt. Generell haben Kinder und Jugendliche aufgrund gesellschaftlicher Veränderungen immer früher unter erheblichen seelischen Belastungen zu leiden, sind also in der Schule auf die Hilfe eines Schulseelsorgers angewiesen.

Um über wirklich grundlegende und somit qualifizierte Kenntnisse in den vier Arbeitsformen der Schulseelsorge zu verfügen, müssten sich bereits Lehramtsstudenten mit diesem Thema beschäftigen. Der Themenkomplex der Schulseelsorge sollte daher an den Universitäten fester Bestandteil der religionspädagogischen Modulpläne im Lehramtsstudium sein.

In Lehre und Praxis müssen deutlich höhere personelle und finanzielle Kapazitäten zur Umsetzung schulseelsorglicher Konzepte und Angebote bereitgestellt werden. Ausgebildete Schulseelsorger sollten zudem stundenweise von ihren allgemeinpädagogischen Aufgaben freigestellt sein.

Evangelische Schulseelsorge ist nicht nur ein christliches Angebot zur Lösung seelsorglicher Problemfelder in der Schule: Sie ist zugleich eine gesellschaftspolitische Aufgabe – eine pädagogische Plattform, um junge Menschen zu seelisch ausgeglichenen und damit konstruktiven Mitgliedern einer möglichst humanen Gesellschaft zu erziehen.

6 Literaturverzeichnis

Abesser, Bernd: Schulandachten. In: Koerrenz, Ralf, Michael Wermke (Hrsg.): *Schulseelsorge – Ein Handbuch*, Göttingen, 2008, 143-147.

Ardey, Karin, Waltraud Hagemann, Gunther vom Stein (Hrsg.): *Religion – einmal anders*, Paderborn, 1997.

Arens, Veronika: *Grenzsituationen. Mit Kindern über Sterben und Tod sprechen*, Essen, 1994.

Baierlein, Ute: Ergänzung zu 6.8 Spirituelle und liturgische Impulse. Anregungen für christliche Trauerfeiern. In: Evangelisch-Lutherische Kirche in Bayern, Katholisches Schulkommissariat in Bayern (Hrsg.): *„Wenn der Notfall eintritt" Ein Handbuch für den Umgang mit Tod und anderen Krisen in der Schule*, Heilsbronn, 2008, 39-46.

Barkowski, Thomas: 5.3 Unterstützen. In: Evangelisch-Lutherische Kirche in Bayern, Katholisches Schulkommissariat in Bayern (Hrsg.): *„Wenn der Notfall eintritt" Ein Handbuch für den Umgang mit Tod und anderen Krisen in der Schule*, Heilsbronn, 2008, 13-18.

Baumann, Ulrike: Fortbildung Schulseelsorge – ein Pilotprojekt der Evangelischen Kirche im Rheinland. In: Dam, Harmjan, Matthias Spenn (Hrsg.): *Evangelische Schulseelsorge. Hintergründe, Erfahrungen, Konzeptionen*, Münster, 2007, 69-74.

Baumann, Ulrike: In der Schulseelsorge beziehungsfähig sein. In: Dam, Harmjan, Matthias Spenn (Hrsg.): *Qualifizierung Schulseelsorge. Schnittstelle Schule. Impulse evangelischer Bildungspraxis*, Münster, 2009, 65-75.

Bosold, Iris: Schulseelsorge. In: Bosold, Iris, Peter Kliemann (Hrsg.), *„Ach, Sie unterrichten Religion?"*, Stuttgart, 2007, 299- 302.

Brüllmann, Beat: Umgang der Kinder mit Trauer: eine entwicklungspsychologische Betrachtung. In: Fässler-Weibel, Peter (Hrsg.): *Trauma und Tod in der Schule*, Freiburg, 2005, 111-122.

Büttner, Gerhard: Seelsorge an Unterrichtenden. In: Koerrenz, Ralf, Michael Wermke (Hrsg.): *Schulseelsorge – Ein Handbuch*, Göttingen, 2008, 107-114.

Butt, Christian: *Warum steht auf Opas Grab ein Stein? Beerdigungsbräuche erklärt von Kindern für Kinder*, Stuttgart, 2010.

Collmar, Norbert: Schulseelsorgerliche Kompetenzen von Pfarrern und Lehrkräften. In: Koerrenz, Ralf, Michael Wermke (Hrsg.): *Schulseelsorge – Ein Handbuch*, Göttingen, 2008, 123-130.

Dam, Harmjan: Begleitung bei Todesfällen und Trauer in der Schule. In: *Schönberger Hefte*, 1/2006, 24f.

Dam, Harmjan: Schulseelsorge als religiös-ethische Lebensbegleitung. In: *Religionspädagogische Hefte*, Ausgabe B: Berufsbildende Schulen, I/1999, 2-15.

Dam, Harmjan, Evangelische Schulseelsorge – für gelingendes Leben und Humanität in der Schule. In: *Lebendige Seelsorge*, 2/2003, 124-128.

Dam, Harmjan: Schulseelsorge, ein Handlungsfeld aus drei Quellen: Religionsunterricht, Jugendarbeit und Seelsorge. In: Fachbereich Kinder- und Jugendarbeit im Zentrum Bildung der EKHN (Hrsg.): *Grenzgang zwischen Jugendarbeit, Schule und Seelsorge*, Darmstadt, 2003, 22-35.

Dam, Harmjan: Schulseelsorge. In: Bitter, Gottfried, Rudolf Englert et al. (Hrsg.): *Neues Handbuch religionspädagogischer Grundbegriffe*, München, 2006, 358-361.

Dam, Harmjan: Welche Kompetenzen werden für Schulseelsorge gebraucht? In: Schröder, Bernd (Hrsg.): *Religion im Schulleben. Christliche Präsenz nicht allein im Religionsunterricht*, Neukirchen-Vluyn, 2006, 37-50.

148

Dam, Harmjan, Andreas Mann: In der Schulseelsorge bei schulischen Notfällen und Krisensituationen handlungsfähig sein. In: Dam, Harmjan, Matthias Spenn (Hrsg.): *Qualifizierung Schulseelsorge. Schnittstelle Schule. Impulse evangelischer Bildungspraxis*, Münster, 2009, 85-91.

Dam, Harmjan, Lothar Jung-Hankel: Schulseelsorge und schulnahe Jugendarbeit. In: Koerrenz, Ralf, Michael Wermke (Hrsg.): *Schulseelsorge – Ein Handbuch*, Göttingen, 2008, 60-68.

Dam, Harmjan, Matthias Spenn: Einleitung. In: Dam, Harmjan, Matthias Spenn (Hrsg.): *Evangelische Schulseelsorge. Hintergründe, Erfahrungen, Konzeptionen*, Münster, 2007, 7-9.

Dam, Harmjan, Matthias Spenn: Einleitung. In: Dam, Harmjan, Matthias Spenn (Hrsg.): *Qualifizierung Schulseelsorge. Schnittstelle Schule. Impulse evangelischer Bildungspraxis*, Münster, 2009, 7-10.

Dam, Harmjan, Matthias Spenn: Schulseelsorge in Deutschland – eine Situationsbeschreibung. In: Dam, Harmjan, Matthias Spenn (Hrsg.): *Evangelische Schulseelsorge. Hintergründe, Erfahrungen, Konzeptionen*, Münster, 2007, 11-20.

Demmelhuber, Helmut: Schulseelsorge und Sozialarbeit. In: Koerrenz, Ralf, Michael Wermke (Hrsg.): *Schulseelsorge – Ein Handbuch*, Göttingen, 2008, 55-59.

Demmelhuber, Helmut: *Schulseelsorge und Schulsozialarbeit im Vergleich. Referat Schulpastoral*, Diözese Rottenburg-Stuttgart 11/2007.

Demmelhuber, Helmut, Achim Wicker: Vorwort. In: Demmelhuber, Helmut, Achim Wicker (Hrsg.): *Lebendig, leicht und leise. Spirituelle Impulse und Bausteine für die Schule*, Ostfildern, 2006, 11f.

Demmelhuber, Helmut, Achim Wicker: Wie es gehen kann. Eine Gebrauchsanleitung. In: Demmelhuber, Helmut, Achim Wicker (Hrsg.): *Lebendig, leicht und leise. Spirituelle Impulse und Bausteine für die Schule*, Ostfildern, 2006, 20-24.

Deutsche Bibelgesellschaft (Hrsg.): *Gute Nachricht Bibel*, Stuttgart, 2000.

Di Franco, Manuela: *Die Seele. Begriffe, Bilder und Mythen*, Stuttgart, 2009.

Dinter, Astrid: Rechtliche und strukturelle Rahmenbedingungen. In: Koerrenz, Ralf, Michael Wermke (Hrsg.): *Schulseelsorge – Ein Handbuch*, Göttingen, 2008, 71-78.

Domsgen, Michael: Seelsorge an Eltern. In: Koerrenz, Ralf, Michael Wermke (Hrsg.): *Schulseelsorge – Ein Handbuch*, Göttingen, 2008, 115-122.

Drescher, Gerborg: Acht Perspektiven zur Weiterbildung der evangelischen Schulseelsorge: In: Dam, Harmjan, Matthias Spenn (Hrsg.): *Evangelische Schulseelsorge. Hintergründe, Erfahrungen, Konzeptionen*, Münster, 2007, 75-77.

Drescher, Gerborg: Schulseelsorge als Notfallseelsorge – ein Praxisbeispiel. In: Dam, Harmjan, Matthias Spenn (Hrsg.): *Evangelische Schulseelsorge. Hintergründe, Erfahrungen, Konzeptionen*, Münster, 2007, 63f.

Franz, Margit: *Tabuthema Trauerarbeit. Kinder begleiten bei Abschied, Verlust und Tod*, München, 2009.

Frei, Doris: Ein Lehrer stirbt auf der Abschlussreise. In: Fässler-Weibel, Peter (Hrsg.): *Trauma und Tod in der Schule*, Freiburg, 2005, 24-38.

Gasser, Georg: Einleitung: Die Aktualität des Seelenbegriffs. In: Gasser, Georg, Josef Quitterer (Hrsg.): *Die Aktualität des Seelenbegriffs. Interdisziplinäre Zugänge*, Paderborn, 2010.

Gestrich, Christof: Unsterblichkeit der Seele? Aspekte zur Erneuerung evangelischer Eschatologie. In: *Deutsches Pfarrer Blatt*, 11/2010, 582-586.

Gewerkschaft Erziehung und Wissenschaft: *Niedersächsisches Schulgesetz* (NSchG), 2007.

Gyger-Stauber, Käthy: Kinder im Mittelstufenalter und ihr Umgang mit Verlust und Trauer. In: Fässler-Weibel, Peter (Hrsg.): *Trauma und Tod in der Schule*, Freiburg, 2005, 151-164.

Gyger-Stauber, Käthy: Rituale als Hilfe und Unterstützung in der Verarbeitung. In: Fässler-Weibel, Peter (Hrsg.): *Trauma und Tod in der Schule*, Freiburg, 2005, 173-177.

Hauck, Barbara: 3. Kirche begleitet. Kirche begleitet Menschen in Krisen – Gott ist ein Gott, der mit uns geht. In: Evangelisch-Lutherische Kirche in Bayern, Katholisches Schulkommissariat in Bayern (Hrsg.): *„Wenn der Notfall eintritt" Ein Handbuch für den Umgang mit Tod und anderen Krisen in der Schule*, Heilsbronn, 2008, 1-4.

Heimbrock, Hans-Günter: Evangelische Schulseelsorge auf dem Weg zu >>gelebter Religion<<. In: Gräb, Wilhelm (Hrsg.): *Religionsunterricht jenseits der Kirche? Wie lehren wir die christliche Religion?*, Neukirchen-Vluyn, 1996, 45-68.

Hoff, Gregor Maria: Seele/Selbstwerdung. In: Eicher, Peter (Hrsg.): *Neues Handbuch theologischer Grundbegriffe*, Band 4, München, 2005, 130-138.

Huber, Menno: das Krisenkonzept: ein Hilfsmittel für Notfälle. In: Fässler-Weibel, Peter (Hrsg.): *Trauma und Tod in der Schule*, Freiburg, 2005, 202-220.

Huber, Wolfgang: Gleitwort. In: Kirchenamt der EKD (Hrsg.): *EKD Texte 96. Theologisch-Religionspädagogische Kompetenz. Professionelle Kompetenzen und Standards für die Religionslehrerausbildung*, Hannover, 2008, 7-9.

Husmann, Bärbel: Räume der Stille. In: Koerrenz, Ralf, Michael Wermke (Hrsg.): *Schulseelsorge – Ein Handbuch*, Göttingen, 2008, 168-172.

Husmann, Bärbel: Tage der religiösen Orientierung. In: Koerrenz, Ralf, Michael Wermke (Hrsg.): *Schulseelsorge – Ein Handbuch*, Göttingen, 2008, 154-157.

Huxel, Kirsten: Seele. II. Philosophisch und religionsphilosophisch. In: Betz, Hans Dieter, Don S. Browning u.a. (Hrsg.): *RGG*, Band 7, Tübingen, 2004, 1098f.

Ilze, Ulrike, Martina Plieth: *Tod und Leben. Mit Kindern in der Grundschule Hoffnung gestalten*, Donauwörth, 2002.

Jennessen, Sven: *Manchmal muss man an den Tod denken ... Wege der Enttabuisierung von Sterben, Tod und Trauer in der Grundschule*, Baltmannsweiler, 2007.

Keller, Ulrich: 6.4 Der Trauer einen Raum geben – Trauer und Trauerbegleitung. In: Evangelisch-Lutherische Kirche in Bayern, Katholisches Schulkommissariat in Bayern (Hrsg.): *„Wenn der Notfall eintritt" Ein Handbuch für den Umgang mit Tod und anderen Krisen in der Schule*, Heilsbronn, 2008, 15-21.

Kerner, Cornelia: Schulseelsorge. Ein Dienst der Kirche an den Menschen im Lebensraum Schule. In: Pädagogisch-Theologisches Zentrum der Evangelischen Landeskirche in Württemberg (Hrsg.): *Evangelische Schulseelsorge – Positionen und Perspektiven. Ein Mutmachbuch*, Stuttgart, 2009, 27f.

Kett, Franz, Robert Koczy: *Die Religionspädagogische Praxis. Ein Weg der Menschenbildung*, Landshut, 2009.

Kirchenamt der EKD (Hrsg.): *EKD Texte 96. Theologisch-religionspädagogische Kompetenz. Kompetenzen und Standards für die Religionslehrerausbildung*, Hannover, 2009.

Klessmann, Michael: *Seelsorge. Begleitung, Begegnung, Lebensdeutung im Horizont des christlichen Glaubens*, Neukirchen-Vluyn, 2008.

Koerrenz, Ralf: Schulseelsorge – eine pädagogische Grundlegung. In: Koerrenz, Ralf, Michael Wermke (Hrsg.): *Schulseelsorge – Ein Handbuch*, Göttingen, 2008, 34-46.

Koerrenz, Ralf, Michael Wermke: Vorwort. In: Koerrenz, Ralf, Michael Wermke (Hrsg.): *Schulseelsorge – Ein Handbuch*, Göttingen, 2008, 9-12.

Kosack, Godula: Seelenkonzepte in anderen Kulturen. In: Krasberg, Ulrike, Godula Kosack (Hrsg.): „... *und was ist mit der Seele?"* *Seelenvorstellungen im Kulturvergleich,* Frankfurt am Main, 2009, 17-32.

Kramer, Anja: Aktuelle Tendenzen in der Seelsorge und ihre Bedeutung für die Schulseelsorge. In: Dam, Harmjan, Matthias Spenn (Hrsg.): *Evangelische Schulseelsorge. Hintergründe, Erfahrungen, Konzeptionen,* Münster, 2007, 51-61.

Kramer, Anja: Evangelische Schulseelsorge – Herausforderungen und Perspektiven einer seelsorglichen Kirche. In: Kramer, Anja, Freimut Schirrmacher (Hrsg.): *Modelle – Konzepte – Perspektiven,* Neukirchen-Vluyn, 2005, 183-201.

Krasberg, Ulrike: Einleitung: Über Körper, Leib und Seele. Die Seele und das naturwissenschaftliche Weltbild. In: Krasberg, Ulrike, Godula Kosack (Hrsg.): „... *und was ist mit der Seele?"* *Seelenvorstellungen im Kulturvergleich,* Frankfurt am Main, 2009, 7-15.

Kriminologisches Forschungsinstitut Niedersachsen (KFN) e.V.: Forschungsbericht 107: Jugendliche als Opfer und Täter von Gewalt. Erster Forschungsbericht zum gemeinsamen Forschungsprojekt des Bundesministeriums des Innern und des KFN: *http://www.kfn.de/versions/kfn/assets/fb107.pdf,* Zugriff am 2.11.2010.

Kroll, Thomas: Umgang mit Filmen. In: Bitter, Gottfried, Rudolf Englert, Gabriele Miller u.a. (Hrsg.): *Neues Handbuch religionspädagogischer Grundbegriffe,* München, 2006, 497-500.

Krüger, Christine: Trauerarbeit in der Schule, *Schönberger Hefte,* 1/2006, 22f.

Lammer, Kerstin: *Den Tod begreifen. Neue Wege in der Trauerbegleitung,* Neukirchen-Vluyn, 2010.

Langer, Jürgen: Plötzliche Todesfälle und Schülersuizide. In: Koerrenz, Ralf, Michael Wermke (Hrsg.): *Schulseelsorge – Ein Handbuch,* Göttingen, 2008, 204-211.

Link, Christian: Seele. III. Christentum. 3. Systematisch-theologisch. In: Betz, Hans Dieter, Don S. Browning u.a. (Hrsg.): *RGG*, Band 7, Tübingen, 2004, 1103-1105.

Mack, Ulrich: *Handbuch Kinderseelsorge*, Göttingen, 2010.

Meyer-Blanck, Michael: Theologische Implikationen der Seelsorge. In: Engemann, Wilfried (Hrsg.): *Handbuch der Seelsorge. Grundlagen und Profile*, Leipzig, 2007, 19-33.

Meyer-Blanck, Michael: Theorie und Praxis der seelsorgerlichen Gesprächsführung. In: Koerrenz, Ralf, Michael Wermke (Hrsg.): *Schulseelsorge – Ein Handbuch*, Göttingen, 2008, 79-87.

Möhring, Britta, Evelyn Schneider: In der Schulseelsorge ressourcenorientierte Gespräche führen. In: Dam, Harmjan, Matthias Spenn (Hrsg.): *Qualifizierung Schulseelsorge. Schnittstelle Schule. Impulse evangelischer Bildungspraxis*, Münster, 2009, 41-54.

Morgenthaler, Christoph: *Seelsorge*, Gütersloh, 2009.

Müller, Marlene: Die Dunkelheit überwinden durch das Licht. Ökumenischer Gedenkgottesdienst für eine/n verstorbene/m Lehrer/in. In: Demmelhuber, Helmut, Achim Wicker (Hrsg.): *lebendig, leicht und leise. Spirituelle Impulse und Bausteine für die Schule*, Ostfildern, 2006, 97-99.

Müller-Cyran, Andreas: 2. Notfall – Trauma – Krise. In: Evangelisch-Lutherische Kirche in Bayern, Katholisches Schulkommissariat in Bayern (Hrsg.): *„Wenn der Notfall eintritt" Ein Handbuch für den Umgang mit Tod und anderen Krisen in der Schule*, Heilsbronn, 2008, 1-4.

Munzel, Friedhelm, Reinhard Veit (Hrsg.): *Brücken bauen. Religionsbuch für das 3. und 4. Schuljahr*, Stuttgart, 1997.

Nauer, Doris: *Seelsorge. Sorge um die Seele*, Stuttgart, 2010.

154

Nestor, Ingrid: Du meine Seele singe.... In: Pädagogisch-Theologisches Zentrum der Evangelischen Landeskirche in Württemberg (Hrsg.): *Evangelische Schulseelsorge – Positionen und Perspektiven. Ein Mutmachbuch*, Stuttgart, 2009, 3f.

Ort, Barbara, Ludwig Rendle (Hrsg.): *Fragen, suchen, entdecken 1/2. Arbeitshilfen für Baden-Württemberg*, München, 2006.

Ort, Barbara, Ludwig Rendle (Hrsg.): *Fragen, suchen, entdecken 3/4. Arbeitshilfen für Baden-Württemberg*, München, 2006.

Orth, Peter: Umgang mit Bildern. In: Bitter, Gottfried, Rudolf Englert, Gabriele Miller u.a. (Hrsg.): *Neues Handbuch religionspädagogischer Grundbegriffe*, München, 2006, 489-493.

Otte, Matthias: Gleitwort. In: Dam, Harmjan, Matthias Spenn (Hrsg.): *Evangelische Schulseelsorge. Hintergründe, Erfahrungen, Konzeptionen*, Münster, 2007, 5f.

Reschke, Edda: *Gemeinsam trauern. Ideen für Familie, Kindergarten und Grundschule*, Kevelaer, 2010.

Rüttiger, Gabriele: 6.1 Todesereignis im schulischen Kontext. In: Evangelisch-Lutherische Kirche in Bayern, Katholisches Schulkommissariat in Bayern (Hrsg.): *„Wenn der Notfall eintritt" Ein Handbuch für den Umgang mit Tod und anderen Krisen in der Schule*, Heilsbronn, 2008, 2-3.

Rüttiger, Gabriele: 6.3 Vom Umgang mit Tod in verschiedenen Religionen und die Bestattung Verstorbener ohne Religionszugehörigkeit. In: Evangelisch-Lutherische Kirche in Bayern, Katholisches Schulkommissariat in Bayern (Hrsg.): *„Wenn der Notfall eintritt" Ein Handbuch für den Umgang mit Tod und anderen Krisen in der Schule*, Heilsbronn, 2008, 10-14.

Rüttiger, Gabriele: 6.7 Methoden und Rituale. In: Evangelisch-Lutherische Kirche in Bayern, Katholisches Schulkommissariat in Bayern (Hrsg.): *„Wenn der Notfall eintritt" Ein Handbuch für den Umgang mit Tod und anderen Krisen in der Schule*, Heilsbronn, 2008, 28-30.

Schaupp, Barbara: Bodenbilder gestalten. In: Rendle, Ludwig (Hrsg.): *Ganzheitliche Methoden im Religionsunterricht*, München, 2008, 175.

Scheilke, Christoph Th.: Schulseelsorge – ein Angebot für Schülerinnen und Schüler, für Schulen und ihre MitarbeiterInnen. In: Pädagogisch-Theologisches Zentrum der Evangelischen Landeskirche in Württemberg (Hrsg.): *Evangelische Schulseelsorge – Positionen und Perspektiven. Ein Mutmachbuch*, Stuttgart, 2009, 10-14.

Schmitz, Stefan: *Religion vermitteln. Theologische Orientierungen zur Qualitätssicherung des Religionsunterrichts*, Münster, 2004.

Schmiz, Gustav: *Symbole. Urbilder des Lebens, Urbilder des Glaubens. Ein unterrichtspraktisches Handbuch mit Arbeitsblättern für die Klassen 5 bis 10, Band 1*, Limburg, 1998.

Schmiz, Gustav: *Symbole. Urbilder des Lebens, Urbilder des Glaubens. Ein unterrichtspraktisches* Handbuch mit Arbeitsblättern für die Klassen 5 bis 10, Band 2, Limburg, 1998.

Schneider, Evelyn: „Ich werde da sein" – Zum Profil der Seelsorgearbeit in der Schule. In: *Loccumer Pelikan*, 4/2009, 153-157.

Schneider-Harpprecht, Christoph: Gleitwort. In: Dam, Harmjan, Matthias Spenn (Hrsg.): *Qualifizierung Schulseelsorge. Schnittstelle Schule. Impulse evangelischer Bildungspraxis*, Münster, 2009, 5f.

Schneider-Harpprecht, Christoph: Schulseelsorge. In: Eurich, Johannes, Christian Oelschlägel (Hrsg.): *Diakonie und Bildung. Heinz Schmidt zum 65. Geburtstag*, Stuttgart, 2008, 432-446.

Schwabach-Nehring: „Siehe, um Trost war mir sehr bange..." – Schulseelsorge nach „Erfurt". In: Fachbereich Kinder- und Jugendarbeit im Zentrum Bildung der EKHN (Hrsg.): *Grenzgang zwischen Jugendarbeit, Schule und Seelsorge*, Darmstadt, 2003, 86-90.

Seebass, Horst: Seele. I. Religionswissenschaftlich, religionsgeschichtlich. 2. Alter Orient und Altes Testament. In: Betz, Hans Dieter, Don S. Browning u.a. (Hrsg.): *RGG*, Band 7, Tübingen, 2004, 1091f.

156

Sendler-Koschel, Birgit: Ein offenes Ohr für Schülerinnen und Schüler. In der Schulseelsorge Gottes Zuwendung erfahrbar machen. In: Pädagogisch-Theologisches Zentrum der Evangelischen Landeskirche in Württemberg (Hrsg.): *Evangelische Schulseelsorge – Positionen und Perspektiven. Ein Mutmachbuch*, Stuttgart, 2009, 5-7.

Spenn, Matthias: Praxismodelle in der Gesamtschule. In: Koerrenz, Ralf, Michael Wermke (Hrsg.): *Schulseelsorge – Ein Handbuch*, Göttingen, 2008, 257-262.

Städtler-Mach, Barbara: *Kinderseelsorge. Seelsorge mit Kindern und ihre pastoralpsychologische Bedeutung*, Göttingen, 2004.

Stenftenagel, Bettina: *Wir haben am Einsatzort Zeit – zum Reden, zum Schweigen. Kathrin und Hartmut Seelenbinder aus Wipshausen verstärken das Team der Notfallseelsorger im Landkreis.* In: Peiner Nachrichten, 21.10.2010.

Trampert, Harald: 6.5 Kinder und Jugendliche und die Frage nachdem Tod und Sterben aus entwicklungspsychologischer Sicht. In: Evangelisch-Lutherische Kirche in Bayern, Katholisches Schulkommissariat in Bayern (Hrsg.): *„Wenn der Notfall eintritt". Ein Handbuch für den Umgang mit Tod und anderen Krisen in der Schule*, Heilsbronn, 2008, 22-26.

Vierling-Ihrig, Heike: Was hat die Kirche von der Schulseelsorge? In: Dam, Harmjan, Matthias Spenn (Hrsg.): *Evangelische Schulseelsorge. Hintergründe, Erfahrungen, Konzeptionen*, Münster, 2007, 35-41.

Weidemann, Katrin, Christine Heider: Krisenseelsorge im Schulbereich. Orientierungshilfen für Den Umgang mit traumatischen Ereignissen. In: *Begegnung & Gespräch. Ökumenische Beiträge zu Erziehung und Unterricht*, 137/2003.

Weidinger, Norbert (Hrsg.): *Die schönsten Segenswünsche aus Irland und aller Welt. Segen in unguten Zeiten*, Augsburg, 2004, 56.

Wermke, Michael: Schulseelsorge – eine praktisch-theologische und religionspädagogische Grundlegung. In: Koerrenz, Ralf, Michael Wermke (Hrsg.): *Schulseelsorge – Ein Handbuch*, Göttingen, 2008, 15-33.

Wild, Klaus: Schulseelsorge als Beitrag zur inneren Schulentwicklung. In: Dam, Harmjan, Matthias Spenn (Hrsg.): *Evangelische Schulseelsorge. Hintergründe, Erfahrungen, Konzeptionen*, Münster, 2007, 65-67.

Windolph, Joachim: Vorwort. In: Witt-Loers, Stephanie (Hrsg.): *Sterben, Tod und Trauer in der Schule. Eine Orientierungshilfe*, Göttingen, 2009, 7.

Witt-Loers, Stephanie: *Sterben, Tod und Trauer in der Schule*, Göttingen, 2009.

Wuckelt, Agnes: Mit Leib und Seele. Philosophisch-theologische Aspekte. In: Beuers, Christoph, Agnes Wuckelt u.a. (Hrsg.): *Leibhaftig leben. Forum für Heil- und Religionspädagogen*, Münster, 2007, 9-23.

Wünscher, Ines: Praxismodelle im Grundschulbereich. In: Koerrenz, Ralf, Michael Wermke (Hrsg.): *Schulseelsorge – Ein Handbuch*, Göttingen, 2008, 245-250.

Zick-Kuchinke, Heike: Schulseelsorge als Grenzgang. In: Fachbereich Kinder- und Jugendarbeit im Zentrum Bildung der EKHN (Hrsg.): *Grenzgang zwischen Jugendarbeit, Schule und Seelsorge*, Darmstadt, 2003, 10-21.

Ziegler, Gerd W.: Der LAK meldet sich zu Wort. In: Pädagogisch-Theologisches Zentrum der Evangelischen Landeskirche in Württemberg (Hrsg.): *Evangelische Schulseelsorge – Positionen und Perspektiven. Ein Mutmachbuch*, Stuttgart, 2009, 8f.

Ziemer, Jürgen: *Seelsorge*, Göttingen, 2004.

Zumstein, Jean: Seele. III. Christentum. 1. Neues Testament. In: Betz, Hans Dieter, Don S. Browning u.a. (Hrsg.): *RGG*, Band 7, Tübingen, 2004, 1100f.

158

7 Übersicht der Anhänge

7.1   Tabellarische Übersicht der aktiven unterrichtlichen Gestaltung des Trauerprozesses:
„In der Trauer füreinander da sein"

Tag	Trauer-aufgabe	Angebote für die direkt betroffene Klasse	Methodische Hinweise	Materialien des Trauer-Koffers
1	**Konfrontation mit dem Todesfall**	**Angebot 1** **Du bist tot.** Wir erfahren die Todesnachricht.	• Versammlung der Schulgemeinschaft in einem feierlichen Rahmen: Trauertisch, Hintergrundmusik • Information durch den Schulleiter in Begleitung des betroffenen Klassenlehrers und des Schulseelsorgers • Gesang und Gebet	Blaues Tuch, große weiße Stumpfkerze mit Untersetzer, Stab-Feuerzeug, Vase, CD mit Hintergrundmusik, nicht im Koffer: Sonnenblume, Blütenblätter, CD-Player
	Die Realität anerkennen und den Verlust akzeptieren	**Angebot 2** **Dein Tod macht mich sprachlos.** Wir sprechen unsere Gefühle aus.	• Gesprächskreis, Sprechstein • Bodenbild • Ausdrücken von Gefühlen durch Sprache	Blaues Tuch, große weiße Stumpfkerze mit Untersetzer, Stab-Feuerzeug, Vase mit Sonnenblume, Sprechstein in Herzform, Taschentücher

1			
Die Realität anerkennen und den Verlust akzeptieren	**Angebot 3** **Unsere Gefühle sind durcheinander – aber wir sind nicht allein damit.** Wir benennen sie, sammeln sie auf einem Plakat und tauschen uns darüber aus.	• Gesprächskreis • Bodenbild • Gestalten eines Klassen-Plakates mit Gefühls-Wort-Karten • Gelenktes Unterrichtsgespräch	Blaues Tuch, große weiße Stumpfkerze mit Untersetzer, Stab-Feuerzeug, Vase mit Sonnenblume, Taschentücher, blauer Filzschreiber Tasche A 3[358]
	Angebot 4 **Dein Platz ist leer.** Wir stellen die Erinnerungskerze, die Sonnenblume und ein Bild von dir auf deinen Sitzplatz. Ich lege mein persönliches Erinnerungsstück an dich dazu.	• Gestalten des Sitzplatzes	Große weiße Stumpfkerze mit Untersetzer, Vase mit Sonnenblume, nicht im Koffer: Bild des verstorbenen Schülers, persönliche Gegenstände der Schüler

---

[358] Für bestimmte Angebote befindet sich im Koffer eine durchsichtige Tasche. Jede Tasche ist so beschriftet wie in der Tabelle angegeben, sodass man sie im Koffer schnell findet. In dieser Tasche sind all die Materialien, die zusätzlich für das jeweilige Angebot benötigt werden. Welche Materialien dies sind, steht auf der Tasche und ist der Materialauflistung aus den didaktisch-methodischen Begründungen zu entnehmen. Damit die Schriftzüge, das Bildmaterial und die Textkärtchen möglichst lange halten, sind sie laminiert.

	Pause	• Gemeinsames Frühstück • Bewegung an der frischen Luft	Blaues Tuch, Tasche **A 5**
	Angebot **5** **Du warst noch so jung.** Wir schauen uns Bilder von Händen und Todesanzeigen an und stellen fest: Junge Leute sterben – alte Leute sterben.	• Gesprächskreis/gelenktes Unterrichtsgespräch • Konfrontation mit Bild- und Textmaterial: betrachten, beschreiben, deuten und äußern von subjektiven Empfindungen	
1 / **Die Realität anerkennen und den Verlust akzeptieren**	Angebot **6** **Du bist bei mir und begleitest mich in meiner Trauer, das tröstet mich.** Ich bemale meinen Wegbegleiter.	• Gelenktes Unterrichtsgespräch • Ausdrücken persönlicher Gefühle durch Farbkombinationen beim Anmalen der Trauerseite eines Kettenanhängers aus Ton oder eines Naturholzstücks in Einzelarbeit	Karton **A 6**, nicht im Koffer: Malunterlagen, Gefäße für die Pinsel

Tag	Traurauf-gaben	Angebote für die direkt betroffene Klasse	Methodische Hinweise	Materialien des Trauer-Koffers
		Angebot 7 **Wir merken, dass wir mit der Trauer nicht allein sind.** Wir horchen in uns hinein: So haben wir den gestrigen Tag erlebt, so fühlen wir uns heute.	• Morgenkreis: Gespräch mit Sprechstein, Gesang und Gebet • Ausdrücken von Gefühlen im Gespräch • Erweiterung des Klassenplakats mit Gefühlswortkarten	Blaues Tuch, Sprechstein, blauer Filzschreiber, leere Wortkärtchen
2	**Zeiten der Erinnerung schaffen**	**Angebot 8** **Dein Tod wirft für mich noch viele Fragen auf.** Ich kann meine Fragen jederzeit aufschreiben und in unsere Sorgen-Kiste werfen.	• Gesprächskreis • Einführung der Sorgen-Kiste • Ausdrücken von Gefühlen durch Schrift in Einzelarbeit	Blaue Sorgen-Kiste, Tasche **A 8**
		Angebot 9 **Du hast Fußspuren hinterlassen – Erinnerungen, die mich trösten.** Wir entdecken: Unser Le-	• Gesprächskreis • Entwickeln eines Bodenbildes durch handelndes Tun und Verinnerlichen seiner Aussagekraft	Grünes Tuch, blaues Tuch, Holzkreuz, Windlicht mit weißer Stumpfkerze, 30 Teelichter,

2	Zeiten der Erinnerung schaffen	ben ist wie ein Weg mit vielen Fußspuren, die wir als Menschen hinterlassen.		Stab-Feuerzeug, Tasche A 9
		Angebot 10 **Ich frage mich: „Bist du noch da?"** Wir erkennen: Erinnerungen an dich geben dir einen neuen Platz in unserem Leben.	• Gesprächskreis Durchdringen des Textes im Unterrichtsgespräch • Hören und Lesen des Gedichttextes, Äußern von Gefühlen durch Sprache • Arbeit am Text in Einzelarbeit: Ergänzen von Gedichtzeilen mit der Methode des „freien Schreibplatzes" Ausdrücken von Gefühlen durch Schrift • Präsentation und Erstellen eines Klassen-Gedichts	Tasche A 10
		Angebot 11 **Ich spüre: Gott hält dich und mich liebevoll in seiner Hand.**	• Stehkreis um ein großer Gruppentisch • Ausdrücken von Gefühlen durch das kreative Gestalten	Blaues Tuch, Windlicht mit kleiner weißer Stumpfkerze,

			Methodische Hinweise	Materialien
2	**Zeiten der Erinnerung schaffen**	Die biblischen Trost- und Hoffnungsworte geben uns diese Botschaft.	eines Mandalas mit Farben und Psalmworten in Einzelarbeit • Präsentation	Tasche A 11
		Angebot 12 **Das wünsche ich dir.** Wir schreiben unsere Wünsche an dich auf Baumblätter und gestalten mit diesen Blättern einen Baum unserer Wünsche für dich.	• Ausdrücken von Gefühlen durch: Fürbitten, erstellt in Einzelarbeit, und Gestalten einer Klassen-Baum-Collage mit einem Klassen-Fürbittengebet	Baum aus grünem und braunem Filz, Tasche A 12

Tag	Trauerauf-gaben	Angebote für die direkt betroffene Klasse	Methodische Hinweise	Materialien des Trauer-Koffers
3		Angebot 13 **Wir horchen in uns hinein:** Wie haben wir die Zeit nach der Todesnachricht erlebt, wie fühlen wir uns heute?	• Morgenkreis: Gespräch mit Sprechstein, Gesang und Gebet • Ausdrücken von Gefühlen im Gespräch und durch Wort-Kärtchen am Gefühls-Plakat	Blaues Tuch, Sprechstein, blauer Filzschreiber, Gefühls-Plakat des ersten und zweiten Trauertages, leere Wortkärtchen

3	**Den Abschied gestalten**	Angebot **14** **Du wirst beerdigt – wir begleiten dich dabei und nehmen Abschied.** Wir fragen uns: Wie ist das mit dem Tod – und bereiten uns auf die Teilnahme an der Beerdigung vor.	• Gesprächs-Halbkreis vor der Leinwand, Sprechstein Film „Wie ist das mit dem Tod?" aus der Reihe „Willi will's wissen" • Vorführung und Erarbeitung in drei Abschnitten mithilfe von Bildimpulsen, Klärung von Sachverhalten, Ausdrücken von Gefühlen im Gespräch	Blaues Tuch, große weiße Stumpfkerze mit Untersetzer, Vase mit Sonnenblume, Sprechstein, zwei Pakete Taschentücher, Tasche **A 14**, Nicht im Koffer: Film „Wie ist das mit dem Tod?" aus der Reihe „Willi will's wissen"
	Den Abschied Gestalten	Angebot **15** **Das möchte ich dir noch sagen** – Ich gebe dir meine ungesagten Worte und eine Blume mit ins Grab.	• Ausdrücken von Gefühlen durch Aufschreiben von „ungesagten Worten" als kleine individuelle Geheimnisse • Ausdrücken von Gefühlen durch aktives Handeln bei der Beerdigung	Tasche **A 15**

| 3 | Den Abschied Gestalten | Angebot 16 **Wir gestalten eine Andacht,** in der wir uns an unseren verstorbenen Mitschüler erinnern, unsere Gefühle und Fragen zu seinem Tod ausdrücken. | • Versammlung der Schulgemeinschaft in einem feierlichen Rahmen: Trauertisch, Hintergrundmusik
Schulseelsorger führt durch die Andacht:
‒ Begrüßung
‒ Biblische Lesung und Ansprache
‒ Segen
‒ Begleitung der Schüler bei ihren Präsentationen
• Die betroffene Klasse gestaltet die Andacht mit durch:
‒ Sprechen von Gebeten
‒ Präsentation der Ergebnisse einiger Traueraufgaben (Gedichte „Bist du noch da?"/Angebot 10, Symbolhandlung „Anzünden der Erinnerungskerze"/Angebot | Trauertisch mit blauem Tuch und großer weißer Stumpfkerze mit Untersetzer,
30 Teelichter, Stab-Feuerzeug, Liederblätter, Gebetstext, Schülergedichte aus Angebot 10,
Psalmtexte aus Angebot 11, Fürbitten der Schüler aus Angebot 12, Segenstext,
Nicht im Koffer:
CD mit Hintergrundmusik, CD-Player |

3	Den Abschied gestalten			
			4, Anzünden von Teelichtern, Texte der Psalmmandalas/Angebot 11, Fürbitten unter Einbeziehung des Fürbitten-Baumes/Angebot 12)	
			Die Schulgemeinschaft:	
			• Gemeinsames Singen von Liedern	
			• Beten des Vaterunsers	
	Beerdigung		• Gemeinsame Teilnahme an der Beerdigung	Nicht im Koffer: pro Schüler eine Blume mit der Wolke „meine ungesagten Worte an dich"
			• Verabschiedung am Grab mit einer Blume und den „ungesagten Worten"/Angebot 15	
			• Ausdrücken von Gefühlen durch Gesten	
	Angebot 17 Langsam spüren wir: Nach der Zeit des Weinens kommt auch wieder eine		• Gesprächskreis, Bodenbild: Erfassen des Bibeltextes in seiner Gesamtheit durch Vorlesen des Schulseelsorgers und Zuhören der	Tasche A 17, nicht im Koffer: Bunt- oder Filzstifte

3	Den Abschied gestalten	Zeit des Lachens.	Schüler
			• Arbeit am Bodenbild: Visuelles Erfassen des Bibeltextes durch Zerlegen in Verse, die jeweils ein „Gegensatzpaar" nennen
			• Veranschaulichung der „Gegensatzpaare" durch Kombination von Text- und Bildkarten
			• Gelenktes Unterrichtsgespräch, inhaltliches Erfassen des Bibeltextes durch das Herausfinden der Botschaft, die durch den Text und die Bilder vermittelt wird
			• Gestalterische Einzelarbeit: Verinnerlichung der Botschaft durch die individuelle Auswahl eines Gegensatzpaares und deren bildliche

		Darstellung
		• Ausdrücken von Gefühlen durch Schreiben und Malen • Präsentation

Tag	Trauer-aufgabe	Angebote für die direkt betroffene Klasse	Methodische Hinweise	Materialien des Trauer-Koffers
X	**Dem Verstorbenen einen neuen, sichtbaren Platz geben**	**Du bleibst ein Teil unserer Gemeinschaft:** Wir pflanzen einen Baum für dich, so bekommst du einen bleibenden Platz in unserer Gemeinschaft.	• Gemeinsames Pflanzen eines Obstbaumes auf dem Schulgelände • Ausdrücken von Gefühlen durch aktives Handeln	Obstbaum, Pflanzenerde, Spaten

einsam	leer
hilflos	Angst
verzweifelt	traurig
ruhelos	ärgerlich
wütend	zornig

7.3 **Angebot 3:** Unsere Gefühle sind durcheinander – aber wir sind nicht allein damit: Satzanfänge für das Klassen-Plakat

Ich fühle mich
Ich bin
Ich habe

7.4   Angebot 5: Du warst noch so jung: Bilder von Händen

Bild 1: Kinderhände

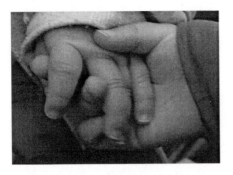

Bild 2: Hände junger Erwachsener

Bild 3: Hände alte Menschen

7.5 **Angebot 6:** Du bist bei mir und begleitest mich in meiner Trauer, das tröstet mich. Ich bemale meinen Wegbegleiter

Inhalte Karton A6:

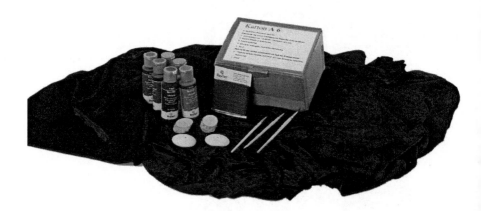

7.6   Angebot 8: Dein Tod wirft für mich noch viele Fragen auf: Arbeitsblatt „Ich habe viele Fragen"

Ich habe viele Fragen

Du hast bestimmt viele Fragen. Schreibe alle deine Fragen um das Fragezeichen.

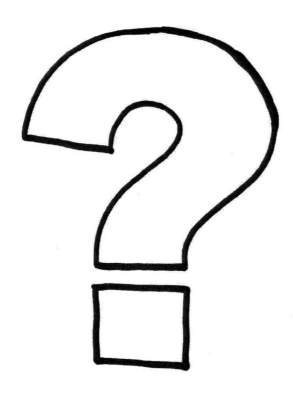

7.7   Angebot 9: Du hast Fußspuren hinterlassen – Erinnerungen, die mich trösten

Orange Fußspur

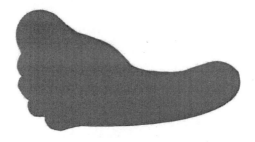

Rote Fußspur

Gelber Kreis

7.8 **Angebot 9**: Du hast Fußspuren hinterlassen –
Erinnerungen, die mich trösten: Fotos Bodenbild

Bodenbild mit orangen Fußspuren:

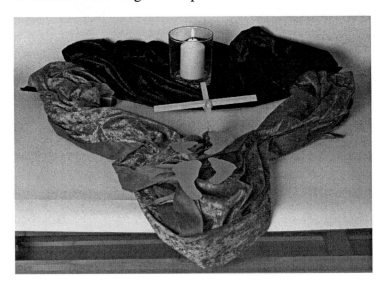

Erweitertes Bodenbild mit roten Fußspuren, gelben Kreisen
sowie Teelichtern:

7.9 **Angebot 10:** Ich frage mich: „Bist du noch da?":
Gedichttext

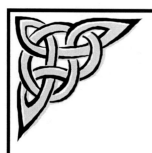

Bist du da?

Ich sehe dich nicht,

du sitzt nicht mehr neben mir.

Ich höre dich nicht,

deine Stimme rückt immer weiter in die Ferne.

Meine Hände wollen dich spüren,

doch sie greifen ins Leere.

Und doch bist du da – in meinen Erinnerungen.

7.10 Angebot 10: Ich frage mich: „Bist du noch da?":
Arbeitsblatt „Ich frage mich: Bist du noch da?"

Ich frage mich: „Bist du noch da?"

• Lies das Gedicht „Bist du da?"
• Ergänze die fehlenden Gedichtzeilen.
• Schreibe dein Gedicht auf ein gelbes Schmuckblatt.

Bist du da?

Ich sehe dich nicht, du sitzt nicht mehr neben mir.

Ich höre dich nicht, deine Stimme rückt immer weiter

in die Ferne.

Meine Hände wollen dich spüren, doch sie greifen ins Leere.

Und doch bist du da – in meinen Erinnerungen.

Ich sehe dich nicht, _____.

Ich höre dich nicht, _____.

Meine Hände wollen dich spüren, _____.

Und doch bist du da – in meinen Erinnerungen.

7.11 Angebot 11: Ich spüre: Gott hält dich und mich liebevoll in seiner Hand: Psalm-Textkärtchen

Der Herr ist mein Licht, er befreit mich und hilft mir. Darum habe ich keine Angst. **Psalm 27,1**	Und dennoch gehöre ich zu dir! Du hast meine Hand ergriffen und hältst mich. **Psalm 73,23**
Von allen Seiten umgibst du mich, ich bin ganz in deiner Hand. **Psalm 139,5**	Und muss ich auch durchs finstere Tal – ich fürchte kein Unheil! Du, Herr, bist da bei mir. **Psalm 23,4**
Du bist doch der Gott, bei dem ich Hilfe finde. Auf dich hoffe ich zu jeder Zeit. **Psalm 25,5**	Auch wenn ich selbst allen Mut verliere, du, Herr, weißt, wie es mit mir weitergeht! **Psalm 142,4**
Ihm klage ich meine Not, ihm sage ich, was mich quält. **Psalm 142,3**	Lass meine Gebete zu dir dringen, höre meinen Hilferuf! **Psalm 88,3**
Auf all deinen Wegen wird er dich beschützen, vom Anfang bis zum Ende, jetzt und in aller Zukunft. **Psalm 121,8**	Mach es wieder hell vor meinen Augen. **Psalm 13,4**

7.12 Angebot 11: Ich spüre: Gott hält dich und mich liebevoll in seiner Hand: Arbeitsblatt zur Erstellung eines Mandalas

7.13 Angebot 12: Das wünsche ich dir:
Filzbaum mit Blättern aus hell- und dunkelbraunem
Tonkarton

7.14 Angebot 15: Das möchte ich dir noch sagen:
Gedankenblasen in Wolkenform (blau)

7.15 Angebot 17: Langsam spüren wir: Nach der Zeit des Weinens kommt auch wieder eine Zeit des Lachens: Textvorlage Auszüge aus Prediger 3, 1-8

Alles, was auf der Erde geschieht, hat seine von Gott bestimmte Zeit:

Geborenwerden und sterben,

einpflanzen und ausreißen,

weinen und lachen,

sich umarmen und sich aus der Umarmung lösen,

sich finden und verlieren,

schweigen und reden.

Das Lieben hat seine Zeit und auch das Hassen.

7.16 Vorlage Aushang Lehrerzimmer

Aushang Lehrerzimmer _____den, _____

Liebe Kollegen,

leider muss ich Ihnen eine sehr traurige Nachricht mitteilen:

Gestern ist der Schüler _____

aus der Klasse ____ bei einem Verkehrsunfall ums Leben

gekommen.

Zum Überbringen der Todesnachricht ist eine Schulversammlung in

der ____ Stunde vorgesehen.

Bitte kommen Sie mit der Klasse, die Sie in dieser Stunde unterrich-

ten, dazu in die Mehrzweckhalle.

Der Unterricht in der direkt betroffenen Klasse findet so statt, wie es

unser Notfallseelsorge-Konzept vorsieht.

Bitte informieren Sie sich am Vertretungsplan.

Nach der 6. Stunde findet eine kurze Dienstbesprechung statt.

Mit freundlichen Grüßen

_____

Schulleitung

186

7.17 Vorlage Elternbrief

Grundschule _____ _   den, _____

_____

_____

An die Eltern der Klasse _____

Einladung zum Eil-Klassenelternabend

am _____   **um** _____ **Uhr**   **in Raum** _____

Liebe Eltern,

aus einem sehr traurigen Anlass möchten wir Sie zu einem

Eil-Klassenelternabend einladen.

Wie Sie sicher bereits von Ihrem Kind erfahren haben, ist der Mitschüler

_____ bei einem Verkehrsunfall ums Leben gekommen.

Wir möchten Sie über den Ablauf und die Inhalte unserer Trauerarbeit

mit der Klasse informieren und über die Teilnahme der Klasse an der

Beerdigung sprechen.

Wünsche und Anregungen von Ihnen könnten uns dabei unterstützen.

Mit freundlichen Grüßen.

_____   _____

Klassenelternratsvorsitzender   Klassenlehrer

- -

Bitte Ihrem Kind morgen ausgefüllt mitgeben.

Bitte ankreuzen:

☐ Wir nehmen am Eil-Klassenelternabend mit ☐ Personen teil.
☐ Wir sind leider verhindert.

_____   _____

Name des Kindes   Unterschrift des Erziehungsberechtigten

7.18 Vorlage Einverständniserklärung zur Teilnahme an der Beerdigung

Grundschule _____   den, _____

_____

_____

An die Eltern der Klasse _____

Einverständniserklärung zur Teilnahme an der Beerdigung

des Mitschülers _____

Liebe Eltern,

wie auf dem Eil-Klassenelternabend am _____ vereinbart,

nimmt die Klasse an der Beerdigung von_____ teil.

Die Beerdigung findet am ____ um ____ Uhr auf dem Friedhof

_____ statt. Wir treffen uns um ____Uhr am Eingang des Friedhofs.

Schüler, die nicht von ihren Eltern begleitet werden, treffen sich

um ____Uhr in der Schule.

Mit freundlichen Grüßen

_____   _____

Klassenelternratsvorsitzender   Klassenlehrer

Bitte Ihrem Kind ausgefüllt mitgeben. Bitte ankreuzen:
Mein Sohn/ meine Tochter _____

☐ nimmt an der Beerdigung teil.

☐ nimmt nicht an der Beerdigung teil.

☐ Wir begleiten unser Kind.

☐ Wir möchten, dass unser Kind vom Klassenlehrer, Religionslehrer oder Schulseelsorger begleitet wird.

_____
Unterschrift des Erziehungsberechtigten

7.19 Vorlage: Aktuelle Liste mit Telefonnummern und Ansprechpartnern in einer Notfallsituation

---

Krisenteam

Schulleitung:	Beratungslehrer:
Name Tel.	*Name* Tel.
Sozialpädagogen:	Hausmeister:
Name Tel.	*Name* Tel.
Notfallseelsorger:	**Pastor:**
Name Tel.	*Name* Tel.

Feuerwehr 112
Alarm auslösen (bei der Schulleitung oder bei dem Hausmeister)
Polizei 110
Zentraler Kriminaldienst (Tod, Sexualität)
Name der zuständigen Person   Tel.

Polizei	Name des direkten Kontaktbeamten der Schule	Tel.
Kripo	Name des Dienststellenleiters	Tel.
	Name des Kontaktbeamten	Tel.
Sozialpsychatrischer Dienst		Tel.
Jugendschutz		Tel.

Krankentransport von der Schule aus(Rettungsdienststelle)Tel.

Notfallmeldung

(Von wo kann der Krankenwagen an der Schule Anfahren: Name der Straße)

1. ... WER ...... meldet? (Name, Standort, evtl. Telefonnummer)

2. ... WAS ...... ist passiert?

3. ... WER ...... ist verletzt?

4. ... WELCHE.. Verletzungen

Schule als Lern- und Lebensraum

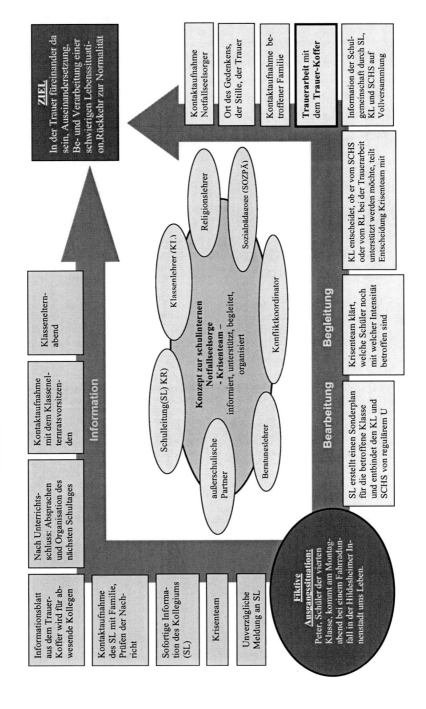

ZIEL
In der Trauer füreinander da sein. Auseinandersetzung, Be- und Verarbeitung einer schwierigen Lebenssituation.Rückkehr zur Normalität

Information

- Informationsblatt aus dem Trauer-Koffer wird für abwesende Kollegen
- Nach Unterrichtsschluss: Absprachen und Organisation des nächsten Schultages
- Kontaktaufnahme mit dem Klassenelternratsvorsitzenden
- Klassenelternabend

- Kontaktaufnahme des SL mit Familie, Prüfen der Nachricht
- Sofortige Information des Kollegiums (SL)
- Krisenteam
- Unverzügliche Meldung an SL

- Kontaktaufnahme Notfallseelsorger
- Ort des Gedenkens, der Stille, der Trauer
- Kontaktaufnahme betroffener Familie
- **Trauerarbeit mit dem Trauer-Koffer**
- Information der Schulgemeinschaft durch SL, KL und SCHS auf Vollversammlung

Konzept zur schulinternen Notfallseelsorge – Krisenteam –
informiert, unterstützt, begleitet, organisiert

- Klassenlehrer (KL)
- Religionslehrer
- Sozialpädagoge (SOZPÄ)
- Konfliktkoordinator
- Beratungslehrer
- außerschulische Partner
- Schulleitung(SL) KR

Bearbeitung

- SL erstellt einen Sonderplan für die betroffene Klasse und entbindet den KL und SCHS von regulärem U
- Krisenteam klärt, welche Schüler noch mit welcher Intensität betroffen sind

Begleitung

- KL entscheidet, ob er vom SCHS oder vom RL bei der Trauerarbeit unterstützt werden möchte, teilt Entscheidung Krisenteam mit

Fiktive Ausgangssituation:
Peter, Schüler der vierten Klasse, kommt am Montagabend bei einem Fahrradunfall in der Hildesheimer Innenstadt ums Leben.

Forum Theologie und Pädagogik
Beihefte
hrsg. von Univ.-Prof. Dr. Robert Schelander (Wien), Prof. Dr. Martin Schreiner (Hildesheim)
und Prof. Dr. Werner Simon (Mainz)

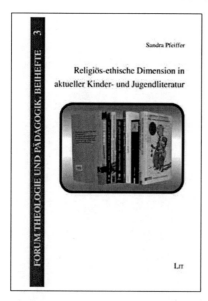

Sandra Pfeiffer
Religiös-ethische Dimension in aktueller Kinder- und Jugendliteratur
Bücher im Religionsunterricht? Ja, weil diese religiöse und ethische Antwortmöglichkeiten sowie Handlungsalternativen bezüglich alltäglicher Fragen von Kindern und Jugendlichen aufzeigen. Dieses Buch ist ein Potpourri von Kinder- und Jugendbüchern aus den Jahren 2008–2010, welche theologisch und didaktisch-methodisch, einsatzbereit für Grund- und Haupt-/Realschule, aufbereitet sind. Die Themen sind: Schöpfung und die Frage nach der Verantwortung; Umgang mit Krankheit, Tod und Trauer; Umgang mit Gewalt, Mobbing und Zivilcourage; Freundschaft und Liebe; die Frage nach dem Sinn des Lebens.
Bd. 3, 2011, 144 S., 19,90 €, br., ISBN 978-3-643-11059-6

Franziska Ernst
Religiöse Bildung im Konfirmandenalter
Die vorliegende Forschungsarbeit befasst sich mit der empirischen Untersuchung religiöser Bildung im Konfirmandenalter, bei der Konfirmandinnen und Konfirmanden aus drei Gemeinden der Stadt Hildesheim schriftlich befragt wurden. Die Ergebnisse liefern interessante Einblicke in die religiöse Lebenswelt von Jugendlichen und zeigen genderspezifische Aspekte auf. Die Beschreibung didaktischer Konsequenzen für die Konfirmandenarbeit gibt zusätzlich Anregungen zur Förderung religiöser Bildung von Jugendlichen.
Bd. 2, 2009, 184 S., 19,90 €, br., ISBN 978-3-643-10369-7

LIT Verlag Berlin – Münster – Wien – Zürich – London

Auslieferung Deutschland / Österreich / Schweiz: siehe Impressumsseite